◎「苏州文化丛书」向世人展示苏州文化的综合实力，用以提高苏州人的文化素养，提高人的素质，用以吸引与沟通五湖四海的朋友。

——陆文夫

◇ 苏州文化丛书

苏州文选

Suzhou Culture Series
Selected Readings by Suzhou Writers

秦兆基 ◇ 选注

苏州大学出版社
Soochow University Press

图书在版编目（CIP）数据

苏州文选 / 秦兆基选注. -- 苏州：苏州大学出版社, 2024.6. --（苏州文化丛书）. -- ISBN 978-7-5672-4719-2

Ⅰ. G127.533-53

中国国家版本馆CIP数据核字第2024ZB6339号

书　　名	苏州文选　SUZHOU WENXUAN
选　　注	秦兆基
责任编辑	朱绍昌
助理编辑	宋宏宇
装帧设计	唐伟明
篆　　刻	王莉鸥
出版发行	苏州大学出版社（Soochow University Press）
社　　址	苏州市十梓街1号　邮编　215006
网　　址	http://www.sudapress.com
邮　　箱	sdcbs@suda.edu.cn
印　　装	苏州工业园区美柯乐制版印务有限责任公司
邮购热线	0512-67480030　销售热线　0512-67481020
网店地址	https://szdxcbs.tmall.com（天猫旗舰店）
开　　本	890 mm × 1240 mm　1/32　印张　8.125
字　　数	191千
版　　次	2024年6月第1版
印　　次	2024年6月第1次印刷
书　　号	ISBN 978-7-5672-4719-2
定　　价	36.00元

凡购本社图书发现印装错误，请与本社联系调换。服务热线：0512-67481020

总　序

　　无论是从中国还是从世界来看，苏州都可以称得上是一座杰出的城市。先天的自然禀赋，后天的人文创造，造就了这么一颗美丽耀眼的东方明珠。

　　得山川之灵秀，收天地之精华，苏州颇获大自然的厚爱与垂青。自然向历史积淀，历史向文化生成。作为一个悠久的文化承载之地，苏州积淀了丰厚的文化底蕴，两千五百多年的历史风烟在这里凝聚成无尽的文化层积。说起苏州，人们不能不想到其园林胜迹、古桥小巷，不能不谈及其诗文画卷、评弹曲艺，不能不提到其丝绸刺绣、工艺珍品，如此等等。从物的层面上去看，园林美景、丝绸工艺、路桥街巷这些文化活化石，映显了苏州人丰硕的文化创造成果，生动地展示了其千年的辉煌。翻开苏州这本大书，首先跃入眼帘的就是这些物化的文化结晶体。外地人触摸苏州，大约更多的是从这一层面上去接受。这是一个当然的视角。再从人的层面上去看，赫赫有名的苏州状元，风流倜傥的苏州才子，儒雅淳厚的苏州宰相，巧夺天工的苏州匠人……在中国文化史上亦称得上是一大文化奇观。特别是在明清时代，其耀眼的光芒照亮了东南大地的星空，总为人们所津津乐道。从人到物，由物及人，这些厚厚实实的文化存在，就是人们在凝视苏州时所注目的两大焦点。当展读苏州这本大书时，那些活泼泼的文化人物与活生生的文化创造物，就流光溢彩般地凸显在眼前。作为在中国文化史上具有重大影响力的苏州地域文化，其文化的丰厚性不仅在于其（自然）文化生态的意义上，也不仅在于其具有诸如苏州园林、苏州刺绣这种物化形态的文化产品上，更在于其文化创造主体的庞大与文化创造精神的活跃，在于其文化性格的早熟与文化心理的厚重。自古以来，苏州就是一个文化重镇，散发与辐射出浓厚的文化气息。这里产生过、活动过、寄寓过数不清的文化名人，从文人学者到书家画士，从能工巧匠到医坛圣手……这里学宫书院林立，藏书楼阁遍布，到处都呈现出生生不息的文化创造与永不停顿的文化传播。这种文化承传与延递，从未湮灭或消沉过。

接近一座城市，就像是打开一本包罗万象的书；感受她是一种享受，而要内在地理解她，则又需要拥有健全的心智。读解一座城市，既是容易的，又是困难的，特别是在读解像苏州这样一座文化古城时，其情形就更是如此了。正是为了帮助读者去充分阅读与深入理解苏州这一文化存在，于是便有了这一套"苏州文化丛书"。

感谢丛书的作者们，他们辛勤的劳动，为我们提供了一套内容丰富的文本。之中，经过他们的爬梳与整理，捧献出大量的阅读资料，并且从其自身的特定视角出发，阐释了其对于苏州文化的认识与理解。作为对苏州文化事实知之不多或知之不深的外地读者来说，这等于提供了一个让其接近苏州文化母本的间接文本；对于熟知苏州文化的读者特别是本地读者来说，则是提供了一个"奇文共欣赏，疑义相与析"而便于展开共同讨论的文本。这对于扩大苏州文化的影响，对于深化关于苏州文化内涵的理解，都是甚有益处的。

有一千个读者，就会有一千个哈姆雷特。对于每一个文本的理解，都是一个独特的视角，都是一种个性化的文化理解方式。就"苏州文化丛书"而言，重要的不在于希望读者都能同意与接受作者们对于苏州文化的这种阐释，而在于希望他们能够从这些读解中受到某种启发，从而生发出对于苏州文化进一层的深入认识。正像有人所说的那样，你从这些资料中读出一二三四五，而他人则可能从中看出六七八九十。重要的不在于从这种读解中所得出来的结论，而在于对这种读解过程的积极参与，体现出对当下苏州文化的热爱。如果能在这种不断往复的文化探询中，达到某种程度上的视界融合，并对苏州现代化的伟大实践产生积极的推动作用，那么，这就正切合编辑出版这套"苏州文化丛书"的初衷与主旨了。

读解苏州，这是一项颇有意义的文化工作，既有其文化学上的意义，又有其重要的现实功能。读解苏州文化，并不仅仅在于发思古之幽情，更在于要在历史文化与现实发展之间寻找到一个连接点。纵观历史，苏州有着丰厚的文化底蕴；审视现实，苏州正率先进行着宏大的中国式现代化建设之实践。在这一历史与现实的衔接中，大力加强文化开发和文化建设，无论怎样评价其对于推动当下中国式现代化建设的重要意义都不会过高。而读解苏州文化，理解本地域文化的自身特点，正是建设文化大市的一项基础性的工程。文化苏州，文化兴市。文化——这是苏州的底蕴、源泉、特色和优势所在。中国早期资本主义的最初萌芽，为什么会萌发于明清时期的苏州一带？享誉中外的乡镇工业的"苏南模式"，为什么会出自苏锡常这一苏南地区？新加坡政府在反复的比较论证后，为什么会选择苏州作为其合作建立工业园区的场址？名闻遐迩的"张家港精神""昆山之路"，为什么能产生于苏州地域？在这里，人们可以寻找出许多别的什么理由，但有一点是共同的，那就是苏州有着非同寻常的文化沃土。读解苏州，就是读解苏州文化，不仅注目于其物质文化的层面，更是要从读"物"的层面进入读"人"的层面，读解其内在的文化精神，并在这种文化传承中实现文化的大发展，创立体现当代精神文明水平之"苏州文化模式"，从而推进苏州现代化建设之伟大进程。

书有其自身的命运；书比人长寿。"苏州文化丛书"首次出版时，是以二十世纪末的视角对苏州文化的一种读解，在某种程度上代表了我们这一代人对苏州文化的当下理解和集体记忆。她是一群文化研究工作者在世纪之交对苏州文化的整理和总结，当然也带有对二十一世纪苏州文化的展望与畅想。读解苏州，是读解一种文化存在，读解一种文化精神，而其"读解"之自身亦体现为一种文化创新活动。只要人们的文化创造活动没有停止，那么，这种读解工作就不会有止境。我们热切地期待着人们对她的热情关注、充分参与与积极回应。

值此"苏州文化丛书"修订出版之际，我们还要向丛书初版的组织者、主持者高福民先生和高敏女士，向支持与关怀丛书初版的梁保华先生和陆文夫先生，致以我们深深的敬意！他们所做的惠及后人的工作，为这套丛书打下了良好的基础，从而使这次进一步的修订完善成为可能。

陈长荣
（苏州大学出版社编审）
2024年初夏

目录

contents

前　言 ………………………………………………… 1

◎ 往昔风华 ◎

吴地传（节选）……………………………《越绝书》/ 3
吴郡诗石记 ………………………………… 白居易 / 6
题《海天落照图》后 ……………………… 王世贞 / 9
《复社人姓氏》书后 ……………………… 梅曾亮 / 12
周忠介公遗事 ……………………………… 汪　琬 / 15
辛亥革命前后 ……………………………… 叶圣陶 / 19
苏州烟雨记 ………………………………… 郁达夫 / 31
关于女子（节选）………………………… 徐志摩 / 45
苏州的回忆 ………………………………… 周作人 / 52
三重奏下的和合苏州 ……………………… 陈长荣 / 59
感悟苏州 …………………………………… 范小青 / 64
风雅苏州 …………………………………… 曹正文 / 71
姑苏人家书生梦 …………………………… 曹正文 / 75

◎ 人物艺风 ◎

《范文正公文集》叙 …………………… 苏　轼 / 81
重修盘门双忠祠记 …………………… 彭绍升 / 86
沈周 …………………………………… 叶昌炽 / 89
鱼藏剑与一寸干将
　　——专诸巷人物志 ……………… 秦兆基 / 91
我所见的叶圣陶 ……………………… 朱自清 / 100
说书 …………………………………… 叶圣陶 / 106
念振华母校 …………………………… 费孝通 / 110
《吴歌甲集》序 ……………………… 胡　适 / 115

◎ 园林山野 ◎

沧浪亭记 ……………………………… 苏舜钦 / 123
记苏州的园林 ………………………… 纪　庸 / 127
闲说留园 ……………………………… 薛亦然 / 139
新修寒山寺记 ………………………… 俞　樾 / 143
苏州盆景一席谈 ……………………… 周瘦鹃 / 148
《吴山图》记 ………………………… 归有光 / 153
《江南卧游册》题词（三则）………… 李流芳 / 156
游姑苏台记 …………………………… 宋　荦 / 160
石湖 …………………………………… 郑振铎 / 163
游天平山记 …………………………… 高　启 / 168

秋山红叶 …………………………………… 沙　白 / 172

虎丘 ………………………………………… 袁宏道 / 179

访古虎丘山 ………………………………… 周瘦鹃 / 182

葑门荷宕 …………………………………… 张　岱 / 189

又踏春风赏梅花 …………………………… 陈长荣 / 191

◎ 市 廛 幽 巷 ◎

黄昏的观前街 ……………………………… 郑振铎 / 197

虎丘酒楼 …………………………………… 顾　禄 / 204

山塘长留一道春 …………………………… 薛亦然 / 208

梦中的天地 ………………………………… 陆文夫 / 214

门前的茶馆 ………………………………… 陆文夫 / 224

品赏旧版苏州
　　——平江历史街区的韵味 ………… 秦兆基 / 228

小巷 ………………………………………… 许　淇 / 237

前　言

我来到苏州有几十年了，但似乎并没有融入当地的主流文化之中。不必说"乡音无改"，连对苏州本地的乡风民俗、时尚庆忌都没有认真留意过。要我这样的外乡佬来谈苏州，或者来选编一本有关苏州的文集，其结果总会给听者、读者带来"雾里看花"之憾。不过，作为苏州的"他者"也有其长处，就是心存比较，常常用自己生身之地的文化与苏州的文化作比较，用现时的流行话语来说，就是用"第三只眼睛"来看，有一个参照系，会少一点文化自恋。

其实也不止于此。我侨寓于苏州，尽管时间很长，但毕竟不像生于斯、长于斯的土著居民，仍然少不了对苏州的新鲜感。比如，对地名引起的联想，不用说著录于典籍方志的名胜古迹，诸如姑苏台、馆娃宫、真娘墓之类的，即使是平常巷陌，也都会引起心灵的震撼。诗巷，是指巷弄像诗一样的纤巧、悠然，还是这里出过或居住过一代诗杰，或是葬过绝代诗魂？怨不得有位诗人踯躅于巷底，痴想着紫丁香一样结着愁怨的姑娘。再拿有一个时期我常常走过的乌鹊桥来说，及我见时，已是宽宽平平的水泥桥了，如今随着马路的拓宽愈加发福，造型与都市中其他的桥相比，几乎毫无个性。但是，一提起这个桥名，就会令人想到"乌鹊河头冰欲销""乌鹊桥红带夕阳"，当年风流俊赏的白居易刺史，也许曾背着手立于桥头，俯视着桥下澌澌淌过的流冰，衣襟上还抹着夕阳。大唐的天气该比现代冷得多吧，不见流冰，在苏州已有多年了。白公的郡署也许就在桥的近处吧，不然怎么会一再提到这座桥呢！

"秦欤汉欤，将近代欤！"目睹种种文化留存，巨如名园丰碑，细如水乡女子的头饰衣带，均会体验到深沉的历史感。有人说，苏州就是一座历史博物馆，然而，从严格意义上看，这仅仅存在于人文的层面上，是容不得叩名以责实的。且不说中国式砖木结构的建筑物经不起风吹雨打；硕果仅存的，也不知道经过了多少代人的装点维修。再说"时尚"这股潮流会冲走一切"古典"；水乡服饰，也仅仅留存在某个文化节的表演之中。到攘攘人群中去找个窄腰身月白短袄、系绣花腰带的吴地女子，又何尝能见。"江畔何人初见月，江月何年初照人？"欲追寻历史原迹者，恐怕只能惆怅而已。

典籍中的留存，有心者与无心者，经意的与不经意的，鸿篇巨制与遗文短简中所著录的，比起目前所见的实景实物，也许要多点原汁原味。

睹今思古，读古赏今，就成了编这本《苏州文选》的契机。写苏州的文章实在太多了，只能先框定一个编选原则来决定取舍。这个编选原则有三：其一是有代表性。文为名文，人为名人，笔下的苏州确为他人之所未及言者。其二是文字不太艰深。书中所选的文章，凡古文都加注释，今人所写的文章，晦涩之处也加注释。不过有些名文，如左思的《吴都赋》，如加注释，则连篇累牍，读者看起来，翻前翻后，必不胜其烦，因此只能割爱。其三是篇幅不过长，所言不过分专门化。

林林总总的文字，几经选汰，已成一帙。为了读者方便，依据其内容，分为"往昔风华"、"人物艺风"、"园林山野"和"市廛幽巷"四个部分。这种分类法模模糊糊，容不得深究，取其大概而已。

为了切近书题，在每篇选文前都有一段解题式的文字，介绍作者和文本。文字有长有短，或侧重于介绍作者，或侧重于介绍文章，人与文的介绍，均侧重其与苏州的因缘。

半年左右的劳作结束了，我感到一阵轻松，但看看删落的文章，不禁有遗珠之憾；对于自己所做的，也不满意，不过，总算是对长久居留的苏州交上了一份答卷。

谢谢帮助我完成这本书编选工作的朋友。

秦兆基
1999 年雨水前夕

修订完毕《苏州文选》，已经是芒种以后，距离此书初版，已过了二十多年。时移世易，这本小书还得以修订面世，说明还有存在的价值。修订时对初版中述说不当之处、漏注、误注的，均予以改正，并对选文又作了一次校勘，订正了讹夺之处，个别地方略有改动，但尊重作者所处时代的语言风习和个人的写作习惯，不强求一致，有存疑处，在注释中说明。选文也作了校勘，不过仅是就选注者学养所及而言，疏漏和失误之处想仍当有，敬希读者批评指正。

秦兆基 补识
2023 年 6 月 6 日

◎ 往昔风华 ◎

苏州文选 >>>

吴地传（节选）

《越绝书》

本文节选自《越绝书》（上海古籍出版社 1985 年版）。

《越绝书》保存了有关吴国最早的历史记载，不少地方为《吴越春秋》和《史记·吴太伯世家》所本。最初的作者已不可考。史学界认为，书中保存了大量的先秦古籍，但也羼入了一些秦汉人的材料，现存的版本是由东汉时的袁康、吴平整理编定的。

《吴地传》位于该书第二卷。节选部分在概述了吴国的历史演变后，着重介绍了阖闾所筑的吴都（吴大城）及宫室情况。从文中看，阖闾时已框定了今日苏州城的轮廓，其中有些地名一直沿用至今。

本文的风格，正如《四库全书总目提要》中所说："纵横曼衍"，述事状物不拘谨，不死守程式，还颇有文采，如将宫室与城郭情况分开来写，对阖闾大霸时间的交代用补叙；再如第三节中对吴王生活状况的描写，语多夸饰，颇有先秦纵横家和汉代辞赋家的味道。

昔者，吴之先君太伯，周之世，武王封太伯于吴，到夫差，计二十六世①，且千岁。阖庐之时，大霸，筑吴越城。城中有小城二。徙治胥山②。后二世而至夫差，立二十三年，越王句践灭之。

阖庐宫，在高平里。

射台③二：一在华池昌里，一在安阳里。

南越宫④，在长乐里，东到春申君府。

秋冬治城中，春夏治姑胥之台。且食于纽山⑤，昼游于胥母⑥。射于躯陂⑦，驰于游台，兴乐越⑧，走犬长洲。

吴王大霸，楚昭王、孔子时也。

吴大城，周四十七里二百一十步二尺。陆门八⑨，其二有楼、水门八⑩。南面十里四十二步五尺，西面七里百一十二步三尺，北面八里二百二十六步三尺，东面十一里七十九步一尺。阖庐所造也。吴郭⑪周六十八里六十步。

吴小城，周十二里。其下广二丈七尺，高四丈七尺。门三，皆有楼，其二增水门二，其一有楼，一增柴路⑫。

东宫周一里二百七十步。路西宫在长秋，周一里二十六步。秦始皇帝十一年，守宫者照燕⑬失火，烧之。

伍子胥城⑭，周九里二百七十步。

小城东西从武里，面从小城北。⑮

邑中径从阊门到娄门，九里七十二步，陆道广二十三步；平门到蛇门，十里七十五步，陆道广三十三步，水道广二十八步。

【注释】

① 计二十六世：以《史记·吴太伯世家》计之，自太伯至夫差止二十五世。《吴越春秋》分熊遂为熊与遂二世，《越绝书》说法可能与之相同。

② 胥山："胥"即"苏"。姑苏山一名姑胥山，为后来姑苏、苏州得名之所由起。

③ 射台：行射礼的场所。古代贵族男子重武，习射，常举行射礼。

④ 南越宫："越"为讹字，或认为当作"城"。

⑤ 纽山：当作"组山"。

⑥ 胥母：洞庭东山，即莫厘山。

⑦ 躯陂（bēi）：当作"射陂"，今沙溢潭与虎丘山塘水合流处。相传吴王尝射于此。

⑧ 兴乐越：有谓当作"兴乐石城"，即在石城作乐。

⑨ 陆门八：指阊门、胥门、盘门、蛇门、娄门、匠门、齐门、平门。

⑩ 水门八：前人认为，"盘门、娄门、匠门、平门，均兼水陆，即以为四水门。然水亦八门，其他四门，无从考矣。"

⑪ 郭：外城。

⑫ 柴路：指用木材构建成的通道。

⑬ 燕：通"宴"，宴饮。

⑭ 伍子胥城：即上文所言二小城之一。

⑮ "小城东西"两句，不可解，有疑。亦有谓："'小城东西'云云，本有缺文。""面"，"疑为'南'之讹；上说'小城东西'，下当说'小城南北'也。"

吴郡诗石记

白居易

本文选自《白居易集》(中华书局1979年版)。

白居易(772—846),唐代大诗人,字乐天,晚年号香山居士。其先世居太原(今属山西),后迁入下邽(今陕西渭南东北)。贞元进士。长庆初年任杭州刺史,宝历元年(825)任苏州刺史,次年秋罢官。在苏任职期间,修筑虎丘塘堤,接通山塘河,世称为"白公堤"。

《吴郡诗石记》是白居易将前辈诗人韦应物的诗作《郡宴》刊于碑石时所写的后记。文中道出了自己与苏州的因缘以及对苏州的感情。贞元中,白居易流寓苏州时,只有十几岁,确实是"不得与"太守宴的,但他在诗歌创作和立身处世上,却很受韦应物的影响。现在得继韦氏为苏州刺史,追忆前情,感慨系之。

作者认为,韦诗中"兵卫森画戟,燕寝凝清香"最为警策,这大概和白居易得为苏州这个大郡的刺

白居易画像　选自《南生鲁四乐图》

史的自得心情有关。诗酒公卿，以诗系于人，系于地，从刊诗于石这件事上，作者把自己的个人经历、人生追求，对前辈文人的景仰之情，以及那个时代苏州的"物状人情"都揭示出来了。文章落笔处小，寄意颇深。

贞元初^①，韦应物为苏州牧，房孺复为杭州牧，皆豪人也。韦嗜诗，房嗜酒，每与宾友一醉一咏，其风流雅韵，多播于吴中，或目韦、房为诗酒仙。时予始年十四五^②，旅二郡，以幼贱不得与游宴。尤觉其才调高而郡守尊。以当时心言，异日苏、杭，苟获一郡，足矣。

及今自中书舍人，间领二州。去年脱杭印，今年佩苏印；既醉于彼，又吟于此：酣歌狂什，亦往往在人口中。则苏、杭之风景，韦、房之诗酒，兼有之矣；岂始愿及此哉？

然二郡之物状人情，与曩时不异，前后相去三十七年，江山是而齿发非：又可嗟矣！

韦在此州，歌诗甚多，有《郡宴》③诗云："兵卫森画戟，燕寝凝清香。④"最为警策。今刻此篇于石，传贻将来。因以予《旬宴》一章，亦附于后。虽雅俗不类，各咏一时之志；偶书石背，且偿其初心焉。

宝历元年，七月二十日，苏州刺史白居易题。

【注释】

① 贞元：唐德宗年号。白居易十一岁时，因战乱逃至江南，投奔在杭州做县尉的堂兄，在苏、杭一带逗留了五年左右。贞元五年（789），韦应物为苏州刺史，所言的贞元初，大概指此时。

② 应为十六、七，白氏记忆有误。

③《郡宴》：原题为《郡斋雨中与诸文士燕集》，抒写了韦应物和苏州文士宴集吟咏的场景和感想。末尾四句，"吴中盛文史，郡彦今汪洋。方知大藩地，岂曰财赋强"，把物资丰富和文化发达、人才济济联系起来，全面地揭示了盛唐时苏州的景况。

④ 森：密密地排列着。画戟：古兵器名，柄上饰有画纹。唐制三品以上的官员门前可列画戟，作为仪仗。燕寝：指安息的处所。凝清香：在室内焚香，以保持香味。

题《海天落照图》后

王世贞

本文选自《弇州山人续稿》第一百七十卷（明刻本）。

王世贞（1526—1590），明代文学家。字元美，号凤洲、弇州山人。太仓（今江苏省太仓市）人。官至刑部尚书。他是明代"后七子"的领袖，为当时文坛的盟主。王氏善于鉴别书画，是历史上有名的书画收藏家。

《题〈海天落照图〉后》为书画跋。它以一图之得失折射出一个时代政治风云的诡谲变幻，并从中透视出苏州官吏、士大夫和商民的生活状况及心态，显现出王世贞散文写作直追秦汉散文的古朴雄健的笔力。文章凝练、感情节制。全文几乎都是不动声色的客观叙述，但细心体味，又不难感受到作者心海的潮汐。

《海天落照图》，相传小李将军昭道[①]作，宣和秘藏，不知何年为常熟刘以则所收，转落吴城汤氏。嘉靖中②，有郡守，不欲言其名，以分宜子大符③意迫得之。汤见消息非常，乃延仇英实父④别室，摹一本，将欲为米颠狡狯⑤，而为怨家所发。守怒甚，将至叵测。汤不获已，因割陈缉熙等三诗于仇本后，而出真迹，邀所善彭孔嘉辈，置酒泣别，摩挲三日而后归守。守以归大符，大符家名画近千卷，皆出其下。寻坐法，籍入天府⑥。隆庆初，一中贵携出，不甚爱赏，其位下小珰⑦窃之。时朱忠僖领缇骑⑧，密以重资购，中贵诘责甚急，小珰惧而投诸火。此癸酉⑨秋事也。

　　余自燕中闻之拾遗人⑩，相与慨叹妙迹永绝。今年春，归息弇园⑪。汤氏偶以仇本见售，为惊喜，不论直收之。按《宣和画谱》称昭道有"落照""海岸"二图，不言所谓"海天落照"者。其图之有御题，有瘦金瓢印⑫与否，亦无从辨证，第睹此临迹之妙乃尔，因以想见隆准公⑬之惊世也。实父十指如叶玉人⑭，即临本亦何必减逸少《宣示》、信本《兰亭》哉⑮！老人馋眼，今日饱矣，为题其后。

【注释】

　　① 小李将军昭道：唐代名画家李思训之子。思训曾任右武卫大将军。昭道亦名画家，也称小李将军。

　　② 嘉靖：明世宗年号。

　　③ 分宜子大符：分宜，指严嵩，明代中期权奸，江西分宜人，故称之为"分宜"。大符，严嵩子严世蕃的字。

　　④ 仇英：太仓人，移居吴郡（苏州），字实父，号十洲。明代著名画家，善于临摹古画。

⑤ "将欲为"句：米颠，指宋代著名书画家米芾。他玩世不恭，人称"米颠"。米氏善摹古代名人笔墨，常可以乱真。狡狯（kuài），狡黠的手段。

⑥ 籍入天府：籍，登记。此处指查抄、没收。天府，指内府，即宫中府库。

⑦ 小珰：小太监。珰，汉代宦官的冠饰，后以指代太监。

⑧ 缇骑：原指贵官侍从，在明代指缉捕人员。

⑨ 癸酉：明神宗万历元年（1573）。

⑩ 拾遗人：买卖旧货的商人。

⑪ 弇（yǎn）园：王世贞家中的花园名，在今江苏太仓市。

⑫ 瘦金：瘦金体。宋徽宗赵佶行草正书，学薛稷后有所变化而创立的一种字体。瓢印，宋徽宗收藏的古书画上所盖的一种印鉴，呈瓢形，故称。

⑬ 隆准公：此指李昭道。杜甫《哀王孙》："高帝子孙尽隆准，龙种自与常人殊。"李氏为唐宗室，因此称之为隆准公。

⑭ 叶玉人：《列子·说符》中说，有匠人手巧，能把玉雕刻成极薄的树叶。

⑮ "即临本"句：逸少，指晋代大书法家王羲之，字逸少。《宣示》，即《宣示表》，原为三国钟繇书，后流行本为王羲之所临。信本，即唐代书法家欧阳询，字信本。《兰亭》，即《兰亭序》。据说原为王羲之书，现流传的石刻本，是欧阳询所临摹刻石的。

《复社人姓氏》书后

梅曾亮

本文选自《柏枧山房诗文集》第四卷（上海古籍出版社2012年版）。

梅曾亮（1786—1856），清代散文家。字伯言，江苏上元（今南京）人。道光进士，官户部郎中。著有《柏枧山房诗文集》。

《〈复社人姓氏〉书后》是一篇"后记"，属于序跋类的文字。就其见到的书籍《复社人姓氏》而言，那只是一本参加复社人员的花名册，似乎没有太大的历史价值，但它为清代两位著名的学问家、藏书家所见重，说明它自有其价值。吴伟业《复社纪事》记载：明天启时，张溥等十余人集合南北各省文人，会于吴郡，①继东林以讲学，取兴复绝学之义，名为复社，声势甚盛。福王时，阮大铖以报复私怨，尽逮复社主盟陈贞慧等。作者从书的来源谈起，概括地介绍了书的内容，得出复社成员太滥了的结论。据张溥《国表序（代张受先）》："社集之日,胥闻之间,维舟六七里,平广可渡,一城出观,无不知有复社者。"不仅如此,复社还直接介入了中央的权力斗争。文章中提到的张溥拉关系"起复周延儒"事,就是例证。对于倾动天下的以苏州为中心的复社及其领袖人物该怎样看,处于异代的梅曾亮别具只眼,保持了历史的距离感,作了比较公允的评论。

梅曾亮守桐城义法,文章结体严整,以气运辞,纵横捭阖,转出转新。结尾处言及"后世谓士气不可伸""清议不立"数句,或系针对清代文化高压政策而言,识见颇高。

右《复社人姓氏》一卷,朱氏彝尊得之而藏于曹氏寅者。首顺天②,次应天、浙江、江西、福建、湖广、广东、河南、山东、山西、四川③。至少者,广西一人,居其末。凡二千二百五十五人。其人其地,或辽远不相及,其名而可知者,又不能十之一。呜呼,滥已!夫君子相游处讲说道艺,名高则党众,党众则品淆,盖必有人为吾取怨于天下,而激吾以不能庇同类之耻,故有争。争则所以求胜之术,或无异乎小人,而所营救者,又不必皆君子,而君子遂为世之诟病。《传》曰:"因不失其亲,亦可宗也。"④岂不谅哉!

当党祸方急时,娄东张氏⑤走急,卒京师,致书要人起复周延儒⑥,事乃解。夫延儒即不相,固无救于明之亡;而张氏之所以倾时相者,有异乎其祸党人者耶?余观《几社⑦源流》一书,言明季事甚夥,然颇疑过其实。范蔚宗⑧传党锢也,亦然。夫汉与明皆受祸于宦竖,而东林与党锢偏受其名。文人矜夸能震动奔走天下,多浮语虚词,而有国者或欲出全力以胜之,其计左矣。然以一时之习尚,使后世谓士气不可伸,而名贤亦为之受垢,驯至清议不立,廉耻道消,庸懦无耻之徒附正论以自便,则党人者,亦不能无后世之责也夫?

【注释】

①"明天启时"句:复社的第一次大聚会在崇祯二年(1629),非天启年间。

②顺天:府名。治所在今大兴、宛平(今北京市)和文安、大城县地,辖区相当于今河北长城以南,遵化、丰南以西,拒马河、大清河、海河以北。

③应天:府名。今南京一带。湖广,省名,今湖南、湖北。

④"因不失其亲,亦可宗也":意为所依靠的都是关系亲密的人,也就可靠了。语见《论语·学而》。

⑤娄东张氏:张溥,太仓人,复社领袖。太仓在娄江以东,故曰娄东。

⑥周延儒:崇祯初任大学士,后被排挤,称病引退。周氏原依附魏忠贤,敌视东林党人。时当国者为了钳制舆论,对复社横加迫害。张溥与周延儒达成协议,周延儒答应复相位后起用复社成员,张溥打通宦官冯铨关节,使周延儒得以复职。

⑦几社:文社名,与复社差不多时间成立,着眼于切磋时文,提倡风雅。

⑧范蔚宗(398—445):名晔,南朝宋时史学家、文学家,删定《后汉书》,书中有《党锢列传》。

周忠介公遗事

汪　琬

本文选自《尧峰文钞》第三十六卷(《四部丛刊》景林佶写刊本)。

汪琬(1624—1691),清代散文家、诗人,字苕文,号钝庵,晚年又号尧峰。长洲(今江苏苏州)人。顺治进士,康熙时举博学鸿词科,授编修。曾结庐于太湖尧峰山,潜心著述。

《周忠介公遗事》,主要写明末魏忠贤集团宣读逮捕周顺昌的旨意,激起苏州人民反暴政斗争的事。文章表扬了知识分子和市民与恶势力斗争的坚强意志,揭露了魏忠贤罪恶势力及其爪牙作威作福的丑态,特别是对毛一鹭的阴险凶残有着深刻的刻画。与明末清初表现同类题材的作品相比较,本文的材料搜罗得更为全面;所写的事情场面大,头绪多,时间跨度长,作者处理题材时以传主为中心,四处辐射,头绪不乱。行文雅洁,应得上前人所作的评论:"明理卓绝""简洁有气"。

周忠介公顺昌，字景文，明万历中进士，历官吏部文选司员外郎，请告归①。

是时太监魏忠贤乱政，故给事中嘉善魏忠节公忤忠贤，被逮过苏，公往与之饮酒，三日，以季女许嫁其孙。忠贤闻之，恚甚。御史倪文焕承忠贤指劾公，遂削籍②。

而会苏杭织造太监李实与故应天巡抚周公起元及公有隙，追劾起元③，窜公姓名其中，遂遣官旗逮公。公知之，怡然不为动。

比宣旨公廨，巡抚都御史毛一鹭、巡按御史徐吉及道府以下皆在列。小民聚观者数千人，争为公呼冤，声殷如雷。④诸生王节等直前诘责一鹭，谓："众怒不可犯也。明公何不缓宣诏书，据实以闻于朝？"一鹭实无意听诸生，姑为好语谢之。诸生复力争，稍侵一鹭，一鹭勃

五义士群雕

然曰:"诸生诵法⑤孔子,知君臣大义,诏旨在,即君父在也,顾群聚而哗如此!"皆答曰:"岂惟君父,二祖十宗实式冯⑥焉。诸生奉明公教,万一异日立朝,不幸遇此等事,决当以死争之。明公奈何教人谄邪?"巡按御史见诸生言切,欲解之,乃语诸生曰:"第无哗!当商所以善后者。"众方环听如堵,官旗见议久不决,又讶抚按官不以法绳诸生也,辄手锒铛擿之地有声,大呼:"囚安在?"且曰:"此魏公命,可缓邪!"众遂怒曰:"然则伪旨也。"争折阑楯,奋击官旗,官旗抱头东西窜,或升木登屋,或匿厕中,皆战栗乞命,曰:"魏公误我!"有死者。巡抚幕中诸将率骑卒至,或拔刃胁众,众益怒,将夺刃刃一鹭,备兵使者张孝鞭卒以徇⑦,始稍定。知府寇慎、知县陈文瑞素得民,复数为温言辟⑧之,众乃解去。或谓公盍返私室,公不可,遂舍一鹭署中。

是日也,他官旗之浙者⑨,道胥门入城,强市酒肉,瞋目叱市人。市人复群殴之,走焚其舟,投橐装于水。官旗皆泅水以免。

一鹭惧,召骑卒介⑩而自卫,夜要御史上疏告变,檄有司捕民颜佩韦等十余人系之。越八日,公竟就逮。既至京师,下诏狱,坐赃拷掠,瘐死狱中。而忠贤复矫旨杀佩韦等五人,杖戍马信等七人,又黜诸生王节等五人。

崇祯元年,忠贤败,公之长子茂兰刺血上书白公冤,诏赠太常寺正卿,谥忠介,予特祠。一鹭亦以忠贤党被罪家居,白昼见公乘舆,佩韦等骑而从,直入坐中堂。一鹭大怖,遂病死。

汪琬曰:"亡兄擂九尝私次⑪忠介公事,予以示公之孙旦龄,以为信,乃稍节其冗者,参以殷氏所作年谱,授其家俾弆⑫之。"

【注释】

① 请告归：请假回家乡。

② 削籍：削除官籍中的姓名。即革职。

③ 追劾起元：天启六年（1626），李实上奏章诬陷周起元任巡抚时贪污公款十万两银子，又诬陷周顺昌走私人门路，侵吞公家财物。追劾：对以往的过错追加弹劾。

④ "声殷如雷"句：据当时人姚希孟《开读本末》记载，官吏把周顺昌逮捕后，四乡百姓纷纷进城。三月十八日，听说要宣读圣旨，全城的人都赶了去，城墙上也站满了人。殷：震动。

⑤ 诵法：陈述、效法。

⑥ 式冯：照临；照察。冯，通"凭"。

⑦ 徇：对众宣示。

⑧ 辟：同"譬"，晓谕。

⑨ "他官旗"句：指魏忠贤派往浙江逮捕另一正直官员黄尊素的官旗兵丁。

⑩ 介：披甲。

⑪ 次：编订。

⑫ 弆（jǔ）：收藏。

辛亥革命前后

叶圣陶

本文选自《叶圣陶集》第十九卷（江苏教育出版社 1994 年版）。它本是《圣陶日记》的片段之一，在 1983 年的《新文学史料》发表时，以《辛亥革命前后》为题，本书袭用此题。

叶圣陶（1894—1988），作家、教育家、出版家。名绍钧，字秉臣，后改字圣陶，遂以改字行。江苏苏州人。1911 年毕业于苏州公立中学，后到苏州中区第三、第二初等小学和吴县甪直镇第五高等小学任教。在教书之余从事文学创作活动，1921 年与茅盾、郑振铎等组织文学研究会这一新文学运动中的重要社团。著有小说、散文、童话以及教育专著多种，均收入《叶圣陶集》。

叶圣陶是现代作家中日记写作最勤最丰，坚持时间最长的一位。关于辛亥革命时期部分，约五十万字，四川保路风潮、武昌起义、民国成立和袁世凯复辟等中国近代史上的大事，都有所反映。就作者个人来说，这段生活也是一个重要的转折，他由一个中学生成为小学教师，开始写作生涯。因而叶氏这个时期的日记，不仅凝聚着历史内容，反映了苏州古城在那个时期的社会动态，也可以使人看到在时代巨涛的冲击下青年知识分子的心路历程。

本书节选的辛亥年八月（1911年9月—10月）的十六则日记，记录的是辛亥革命爆发前夕到起义最初的一个时期革命与反革命两股势力相持的状况。日记中有四点很值得注意：一、对反动论调的揭露和嘲讽，如八月一日日记对监督劝阻学生"剪指爪去发辫"谬论的反驳；二、对民族民主革命的神往，如八月二十五日日记中记叙梦中见"文信国""史阁部"辈被害事，反映了作者潜意识的活动；三、作者个人的精神追求，如八月初七日写自己从《佛学剩言》中寻找人生意义答案的记载；四、作者沉稳的个性，如八月廿九日写把几种持不同政治立场的报纸上的消息作比较，希望能从中找出可信的消息。

此外，叶氏日记中对那个时期苏州一带广大群众，特别是知识分子和青年学生对革命的向往，以及社会动荡的状况等，都有所反映。

日记用的是文言，但语不艰深，易读好懂，述事写景之处也饶有情致。

八　月（录十六日）

初一日　晴。到校尚未上课，而礼孔子则已过。同学谓余：拜礼毕后，监督①曾述其至简略之训话，大旨劝吾侪剪指爪去发辫也。盖此二者为我国之特点，颇超然自异于世界，而亦即我国物质野蛮之表显,毅然去之,固其宜也。如余者,指爪则有生以来未曾留过,不自知觉居然得比于文明之列;而此垂垂一条豚尾,不知何日得并州剪刀以割去之也。

第四时汉文课,以胡先生抱恙未上,乃同岷原、圣久至唐轶林(尧臣)先生室中。先生授一二三年级图画,于余级中不任教科。初见甚为谊厚。盖闻先生善诗,故向之索稿请教也。无如不巧,云稿二本在家中未携来也。

午后课毕,阅报纸,少时乃归家。夜间读今日所授之英文。

初三日　晴。晨起后读昨日所授之英文既。阅《小说月报》,始则坐,继则卧,盖阅此项书卧观为适,然亦懒惰性成,不可训者也。树人表兄旋来,坐谈有顷乃去。

午后三句钟乃掷书出门,信步走至校中,同学殊寥寥,盖多出外游散也。送报人适持报至,乃即阅报。见江震饥民肇事。学校、局所皆为蹂躏,情形已属糜烂。民识不存,民财已尽,遭此凶荒,乃生大创,可悲也。又见四川已平靖。赵督允民以铁路仍归商办,愿以身争。苟此信然者,则独立之旗犹将不现,令人望断巫山矣。须知即真归商办,而其他不堪之事尚多;况未必能真归商办也。亦只得付之一叹。

岷原邀余同出散步,乃偕之至观前,往复两周而仍归校,见宾若在。笙亚谓"同学有在王废基②拍网球,盍往观乎?"乃更邀宾若同往。至则见旁观多人环视之,因席地焉。细草如茵,绿杨垂幕,日光斜照之中乃见此活泼泼地之四同学舒其轻捷之四肢,作此雅游。满场寂静,唯闻球落地之声,其一边胜,则或闻笑声也。此景也,顿令我思我身殆已不在此百病丛生之中国;或则此老大之中国,殆已一跃而为雄健之少年乎？甚矣，景之移人也！

阳乌下地平线，乃相引归校，即在校晚餐。餐事毕，又少时而归家。读历史两页，又读《美国大家文选》中 Melrose Abbey 一篇，Irving 作也③。

初五日　晴。到校亦早。上课时身体百不适意，心烦头胀，先生之教授充耳若未闻。饭后天又奇热，头竟难竖直，于是第五课之体操只得请假。及体操毕后，以休息劳力，故免上第六课之英文，遂即请命监学而归家。到家即卧，似觉少舒，竟而睡去。及醒已夜，起食夜餐，旋即就寝。

大人云，吴葆初自沪上归，传闻川中已有推举大总统之举，此事未知确否。顾我昨日阅报，见川人重复发难④，有再接再厉之势，则此举或确有之。我虽非川人而亦代为川人喜，深望传闻之非诬也。

初七日　晴。到校亦早。天气极热，上课时汗涔涔出，殊不耐也。第五、六课本为作文，以热故，即亦不作而讲，第六课则监督命停课焉。归家后阅《小说月报》。夜间略读英文。

近日《民立报》之杂录栏中载有《佛学剩言》一种。余迩来心乱似麻，安得遇一大哲学家，为我解决余所难决之诸问题，而此一种著作，宛如为我解决者。喜极而抄之，以入于丛抄中。

十三日　晴。晨到校尚未上课。第一时体操，魏先生缺席，未上也。

前日托怀兰所购之 Spectator⑤ 选本，君昨晚已为我购得，到校后即以畀余。昨晚雨，肯为我而冒雨，可感也。

午后历史，吴先生亦缺席。末课汉文，授吴梅村诗，多佳句，兴跃然。

归家后即看 Spectator。大人归后，即阅所携归之报纸。四川又无甚声息矣，可惜，可惜！

夜间读 Sketch Book⑥。户外月光皎如白昼，起视庭中，四壁无声，露滴渐渐堕衣袖间，盖秋气深矣。

今日监督有条告云，中秋佳节，十五、十六放风俗假两天。

十五日 晴。晨起大晚。早餐毕后，藩室来寻访，趋出见之，则衣彼校之制服，赳赳有勇气焉。问伊几时来，则云昨日。邀余同出散步，遂同之徘徊于学宫后之旷野中。告我彼校之课程未甚高深，其中之几门或竟反浅也。又云彼校中运动非常注意：晨必早起，必冷水浴，必跑步四五里也。又问我今年毕业后，明年作何行止，不可不早自为谋。意殊关切，可感也。行至雪糕桥，彼取归家之途；而余亦归，约明日来校再作长谈，彼颔之。

饭后走至校中。校中之同学殊少，盖皆游散去矣。笙亚、书玉在，遂同至阅报室阅报。既而笙亚归，遂同书玉至王废基散步，意欲看足球而无人在焉，乃再归学校。顷之，有同学七八人将至王废基拍网球，亦随之往。球声泊泊，洵可乐也。既而一丸明月推上柳梢头矣，遂相引归校，即就晚膳。

膳毕，同企巩、岷原、中新至观前，亦作应步月之故事。则见游人拥挤，磨肩擦臂，无甚佳趣。乃至王废基，则空明一片，远树含烟，四围柳立，几点灯明。俯仰此身，诚微乎其微，而心脾则弥爽。

立有顷乃归家。读 Spectator 焉。

廿一日 晴。晨到校尚早。第四、五课作文，题为《士君子常以转移风气为己任论》，余做了六百馀言，皆系平日胸中之感触，不甚合题也。

课毕后阅报纸，见专电栏中有云：武昌已为革党所据，新军亦起而相应，推黎元洪为首领，则协统也，无耻凶恶之官吏亦杀去无数。此事也，甚为迅速与机密，出其不意，遂以成事。武昌据天下上游，可以直捣金陵，北通燕赵。从此而万恶之政府即以推倒，亦未可知也。自由之魂其返，吾民之气当昌，其在此举矣。望之望之。

既而同企巩至王废基观同学练习足球，复同之至观前，复至陆氏，则独维岩在。知维岩于出月初三、觉先于出月初五，行婚礼矣。维岩挽余届时必来吃喜酒。余应之，谓十多年同窗，岂有婚而不来一贺之理。少坐即归。

练习运动会中各事须用图章，夜间即刻之。及毕，手酸矣。

廿二日　晴。到校亦早。第三课汉文，胡先生讲及近事，谓扫除恶朽，改造神州，本属大英雄之事，若其人者，固当顶礼膜拜之；而或有不逞之徒乘机淆乱，则大英雄之信用名誉将为所玷污，而众同胞之身家性命且转辗沟壑矣。一再思之，势殊可危也。噫，是实大可虑，不知彼大英雄者其有以补救之乎？

练习运动会中尚须刻"职员"二字印一方，盖用于职员之襟章上也，饭后即为刻就。

课毕后报纸来，则见汉阳铁厂已为革党所得，军械取材愈将得手矣。又见蜀、粤两省亦有跃跃欲动之势，风云际会，盛哉此时，心滋喜。

归家后为王嘉黙刻"福华"小印一方。夜间略读 Sketch Book。

廿三日　晴。到校亦早。午后课毕后，急阅报纸。见长沙、重庆均为革党所据；黄河铁桥闻亦已炸断，盖恐彼虏之拒敌也；天津、杭州、保定亦有起事之说。英雄四起，当能一扫妖氛，光复神州。我思英雄，英雄固有其人，而前诗为未当矣。各国对此事颇赞美之，谓少年之中国方勃勃而萌芽也。此语余亦颇深信之。盖中国不改革，则不能有起色；终此因循，或竟致为奴为隶。苟一改革，则我至勇至慧至有能力之同胞，皆即为少年中国之分子。而今果改革矣，乐又何如！

归家后抄《佛学剩言》十餘则，心有所感，辄注数语其上。

廿四日　晴。晨起大晚，旋即走至校中，见同学在扎柏圈，盖预备后日之运动会也。

饭后同慰萱、中新、笙亚、令时至雅聚啜茗，急租报纸阅之。见开封亦已入党人之手，彼虏兵舰一已为党人击沉矣。党人檄文亦有载出，纪律严密，深合乎文明进军之举。智仁勇三者，党人盖兼有之矣。至四句钟茶散，乃各自归家。

夜间叔父归，谓传闻杭州亦已起事，城入党人手矣。

廿五日　晴。晨到校亦早。

闻近日银根甚紧，银元缺乏。裕宁、裕苏两局钞票遂失其效用，经济界大受其恐慌。如此情形乃属可危，苟匪徒扰乱者，将何以弭之乎？

第二课汉文，胡先生缺席，第四五课理化，吴先生亦缺席，皆未上。第六课体操，则余自请假。

报纸来后，诸同学拥观之。余不耐争挤，未之观。闻已观者言，则大事约略如昨日，乃即归家。

夜间略做些资料，预备明日运动会中之临时新闻，然而不得谓临时矣。

余昨梦大奇。梦见众人拥杀一人，其人皮肉破碎，血流积地；时而慷慨一呼，则众皆凛然。余意中似以为文信国，又似以为史阁部[⑦]，后亦不知不觉而醒。千古忠魂何以入我梦寐，不可解者也；而以如此之惨状令我梦寐中见之，尤不可解。

廿六日　晴。晨到校绝早，则见诸同学已在悬旗结彩，布置花圈，人人皆大忙碌，余不能任事，然亦少为襄助。第一课三角，后二、三课皆停止，盖恐不及完备也。

苏商体育会中有军乐队十数人，由会中派员恭请，至十一句钟，乃列队鼓吹而来。则陈饵具膳以待。

午后一句钟开会，则军乐洋洋，旗章拂拂，尽人兴高采烈矣。此次入场券印数止四百，本城各校皆寄赠四纸，请举代表而毋以团体，故来宾亦止四百之数。唯公高小学谊属一体，故不券而招待其全体也。校门之侧则派员验券，更有荷枪之卫队；再入则驻收券招待员，会场警察则分站于会场四周。若此规模，当可云完备矣。

余与颉刚则专撰临时新闻，怀兰则独司画画；一纸印出则众手争伸，弥增兴致也。新闻共出十三张，画共出六张。运动之毕，又有来宾运动以为尾声，逮散会已六句钟。至王废基略步几回乃归家。夜间抄《佛学剩言》三则。

今日报纸未能细阅，唯记岳州及九江、湖口炮台已入党人之手，而党人已设立完全政府矣。

又，今日运动会总分数，第一名为蒋君仲川，第二名为书玉，第三名为君畴。

廿七日　晴。今日为孔子诞日，故放假。又，昨天运动会，运动、办事之人皆各疲倦，适今为例假之期，既得休息又未停课，巧矣。

晨起甚晚，早餐毕走至校中，见同学甚少，无甚佳趣，乃即回家阅《小说月报》。饭后再至校中，则与岷原闲谈。谈及近时文学，都慷慨淋漓，气象万千。余以为此时者，直当驾乎古人之上。古人虽有名留久远者，比之此时之著作，自当有别，盖亦风会趋势使然耳。既而报纸来，急出披阅之，亦无甚大关系事。阅毕即由宫巷绕道，徐步而归家。

乡人有馈蟹者，傍晚侍两大人及外祖母并多妹，团坐食之。以前曾吐血，故酒未敢多饮也。

廿八日　晴。晨到校尚早，见同学中之乡下者多纷纷归家。此等举动可谓无意识已极，皆由见事不明，胸无定见故耳。然我级中固无之也。

午膳后闻吴雨生先生云，芜湖有已下之信，心甚喜，然未知确否，急欲得报纸阅之，而校中所常订之报还未送来，乃与颉刚请假出至观前，遇送报人，乃即购《时报》一份，入明月楼啜茗以阅之，却并无芜湖之信。更租他种报看，亦都无之，懊恼甚。然昨日晨间革党已曾与彼虏交战，革党获胜，亦差强人意者也。虽然，若芜湖、南京等处皆为必争之地，汉家之旗势所必至，而论其能力亦必定能至，唯略有迟速耳。独恨吴地兵士亦曾少受教育，智识既开，见解当正，而何以绝无动静也？

至三句钟仍旧归校，上末课英文。课毕即归家。昨有馀蟹，仍于初夜后食之。

廿九日　晴。晨到校亦正好。

午后报纸来，则各种互有异同。盖昨日革命与彼虏交战，《民立报》则云革军胜，《时报》则云无甚胜负，《字林西报》则云革军不利。⑧见"胜"之一字固无甚惊异，盖如此正正堂堂之师，本当胜也；

而闻不利之消息，则闷郁特甚。苟瞑目静思，革军如一不利，再不利，而终至于消灭，则其后之情景当不堪设想；而若吾侪者，尚何以为生乎！虽然，勿先作此颓丧语，明日有佳音亦未可知也。顾心中终觉不畅。上堂受课亦呆目充耳，若未见闻。

课毕后，颉刚谓"盍至王废基一畅襟怀乎？"乃同之出。同学有在习足球者，观之亦无甚趣味。归家后心中怅怅然，未能温课也。

余记日记且及一年矣。一年之中，宗旨屡变，见识不一。然自以为其变，其所以不一，皆学问长进处、观察精密处也。

三十日　晴。到校后，闻沪上某报馆有被众攻击，遂致停版之说。盖近日报馆之电报时有接到，而到馆探问消息者尤拥挤不堪。故各报馆接得一电后，每大书悬之门首，以便周知之迅速。而该报馆竟忽发奇想，伪造来电云革军大败。观看之众人见之，即入馆询以电码何在，该馆不能对，乃大撄公愤，竟起奋击。观此一端，则虽欲革军之败，其可得乎？彼北房所率之兵为数虽巨，然或则心已归南，或则怯于临阵，我行将见其溃也。

饭后急欲一见报纸，乃同令时请假出至观前，讵意送报者尚未来，乃至雅聚烹茗以待。已而即来，急购《时报》一份阅之。第一条专电即见廿八日革军系伪败，诱北兵而包攻之，北兵毙四千。我固以为革军必不致败也，心油然喜。以下各电亦殊可人意。

看毕专电即便归校，正在上第四课经学，以报纸携进教室，则同学争夺之，见第一条，皆笑色现于面，暗相告语，不顾程先生在讲台上矣。是课毕，同级人出以告其他众同学，则顿闻至响至宏之欢呼发于自习室中，是真爽快欢乐已哉。

课毕后即归家，以报纸呈大人，大人观之，其欢愉之状自流露于

皇废基

言词间也。

沪上苏省各校联合运动会以鄂军起事故，闻决不举行，若此盛举作罢，殊可惜也。

【注释】

① 监督：相当于后来的校长。

② 王废基：现又称皇废基。

③ *Melrose Abbey*：《梅尔罗斯的阿比》。梅尔罗斯，美国波士顿附近的城市。阿比，人名。Irving，欧文，即华盛顿·欧文（1783—1859），美国散文家、小说家、历史学家。

④ 川人重复发难：指辛亥革命前夕川人保路、反对清政府的风潮余波。

⑤ *Spectator*：《旁观者》，18世纪英国作家约瑟夫·爱迪生和理查德·斯梯尔合办的小品文杂志。

⑥ *Sketch Book*：直译为《小品文集》。似为欧文的《见闻录》，参见叶圣陶的《过去随谈》。

⑦ 文信国：即文天祥。宋端宗时，封信国公。史阁部：即史可法。南明时，加封大学士，因称阁部。

⑧《民立报》：资产阶级革命派的报纸。1910年10月在上海创刊，1913年9月在袁世凯政府压力下被迫停刊。《时报》，资产阶级改良派的报纸。1904年创刊。《字林西报》（*North-China Daily News*），英国人在中国出版的影响最大的英文报纸。

苏州烟雨记

郁达夫

本文原载 1923 年 9 月 19 日至 26 日上海《中华新报·创造日》第 57~64 期。此据《郁达夫文集》第三卷·散文（花城出版社 1982 年版）。

郁达夫（1896—1945），小说家、散文家，原名郁文，字达夫，浙江富阳人。早年在日本留学，1921 年 7 月，与郭沫若、张资平等人发起成立中国现代浪漫主义文学社团"创造社"，次年 7 月东京帝国大学毕业归国，在上海编《创造季刊》。留沪期间，曾作过一次短暂的苏州之旅，《苏州烟雨记》就写作于这次旅行之后。

郁达夫的散文，特别是游记散文，在他的文学创作中占有相当重要的地位。《苏州烟雨记》让我们从这位受到现代西方文明影响，有着忧国之思的落魄才子的视角去观赏苏州的自然风光，探究 20 世纪 20 年代初期中国的社会风气和城市建设情况以及民众的习惯和心理。《苏州烟雨记》着重地发掘了当时已经开始都市化了的苏州的景象。例如,坐在马车中欣赏几乎称不上风景的荒郊,浸沉其中,如痴如醉。再如,把苏州视为浪漫的古都,品赏其所表现出的"颓废美"。但是,作者在品赏之余,也有所不满,如写及玄妙观茶客生涯和遂园中听书者的神态,语含讥讽。郁氏的文章,率性而作,不拘于章法,如文章前面部分大段描写的在火车上对女学生的观感及联想,纯然是借文章来发泄郁闷,末尾写到要去逛虎丘,却又就此搁笔,想必是兴尽而止。从本文中很可以看出郁氏的真性情和浪漫主义风格。

一

悠悠的碧落,一天一天的高远起来。清凉的早晚,觉得天寒袖薄,要缝件夹衣,更换单衫。楼头思妇,见了鹅黄的柳色,牵情望远,在绸衾的梦里,每欲奔赴玉门关外去。当这时候,我们若走出户外天空下去,老觉得好像有一件什么重大的物事,被我们忘了似的。可不是么? 三伏的暑热,被我们忘掉了哟!

在都市的沉浊的空气中栖息的裸虫! 在利欲的争场上吸血的战士! 年年岁岁,不知四季的变迁,同鼹鼠似的埋伏在软红尘里的男男女女! 你们想发见你们的灵性不想? 你们有没有向上更新的念头? 你们若欲上空旷的地方,去呼一口自由的空气,一则可以醒醒你们醉生梦死的头脑,二则可以看看那些就快凋谢的青枝绿叶,豫藏一个来春再见之机,那么请你们跟了我来,Und ich, ich Schnuere Den Sack and wandere[①],我要去寻访伍子胥吹箫吃食之乡,展拜秦始皇求剑凿穿之墓,并想看看那有名的姑苏台苑哩!

"象以齿毙，膏用明煎"②，为人切不可有所专好，因为一有了嗜癖，就不得不为所累。我闲居沪上，半年来既无职业，也无忙事，本来只须有几个买路钱，便是天南地北，也可以悠然独往的，然而实际上却是不然。因为自去年同几个同趣味的朋友，弄了几种我们所爱的文艺刊物出来之后，愚蠢的我们，就不得不天天服海儿克儿斯Hercules③的苦役了，所以九月三日的早晨，决定和友人沈君，乘车上苏州去的时候，我还因有一篇文字没有交出之故，心里只在怦怦的跳动。

那一天（九月三日）也算是一天清秋的好天气。天上虽没有太阳，然而几块淡青的空处，和西洋女人的碧眼一般，在白云浮荡的中间，常在向我们地上的可怜虫密送秋波。不是雨天，不是晴日，若硬要把这一天的天气分出类来，我不管气象台的先生们笑我不笑我，姑且把它叫风云飞舞，阴晴交让的初秋的一日吧。

这一天的早晨，同乡的沈君，跑上我的寓所来说：

"今天我要上苏州去。"

我从我的屋顶下的房里，看看窗外的天空，听听市上的杂噪，忽而也起了一种怀慕远处之情（Sehusucht nach der Ferne）。九点四十分的时候，我和沈君就摇来摇去的站在三等车中，被机关车搬向苏州去了。

"仙侣同舟！"古人每当行旅的时候，老在心中窃望着这一种艳福。我想人既是动物，无论男女，欲念总不能除，而我既是男人，女人当然是爱的。这一回我和沈君匆促上车，初不料的车上的人是那样拥挤的，后来从后面走上了前面，忽在人丛中听出了一种清脆的笑声来。"明眸皓齿的你们这几位女青年，你们可是上苏州去的么？"我见了她们的那一种活泼的样子，真想开口问她们一声，但是三千年的道德观，和见人就生恐惧的我的自卑狂，只使我红了脸，默默的站在她们身边，不过暗暗的闻吸闻吸从她们发上身上口中蒸发出来的香气罢了。我把她们偷看了几眼，心里又长叹了一声：

"啊啊！容颜要美，年纪要轻，更要有钱！"

二

我们同车的几个"仙侣"，好像是什么女学校的学生。她们的活泼的样子——使恶魔讲起来就是轻佻——丰肥的肉体——使恶魔讲起来就是多淫——和烂熟的青春，都是神仙应有的条件，但是只有一件，只有一件事情，使我无论如何也不能把她们当作神仙的眷属看。非但如此，为这一件事情的原故，我简直不能把她们当作我的同胞看。这是什么呢，这便是她们故意想出风头而用的英文的谈话。假使我是不懂英文的人，那末从她们的绯红的嘴唇里滚出来的叽哩咕噜，正可以当作天女的灵言听了，倒能够对她们更加一层敬意。假使我是崇拜英文的人，那末听了她们的话，也可以感得几分亲热。但是我偏偏是一个程度与她们相仿的半通英文而又轻视英文的人，所以我的对她们的热意，被她们的谈话一吹几乎吹得冰冷了。世界上的人类，抱着功利主义，受利欲的催眠最深的，我想没有过于英美民族的了。但我们的这几位女同胞，不用《西厢》，《牡丹亭》上的说白来表现她们的思想，不把《红楼梦》上言文一致的文字来代替她们的说话，偏偏要选了商人用的这一种有金钱臭味的英语来卖弄风情，是多么杀风景的事情啊！你们即使要用外国文，也应选择那神韵悠扬的法国语，或者更适当一点的就该用半清半俗，薄爱民语（La langue des Bohemiens)④，何以要用这卑俗的英语呢？啊啊，当现在崇拜黄金的世界，也无怪某某女学等卒业出来的学生，不愿为正当的中国人的糟糠之室，而愿意自荐枕席于那些犹太种的英美的下流商人的。我的朋友有一次说，"我们中国亡了，倒没有什么可惜，我们中国的女性亡了，却是很可惜。现在在洋场上作寓公的有钱有势的中国的人物，尤其是外交商界政界的人物，他们的妻女，差不多没有一个不失身于外国的下流流氓的，你看这事伤心不伤心哩！"我是两性问题上的一个国粹保存主义者，最不忍见我国的娇美的女同胞，被那些外国流氓去足践。我的在外国留学时代的游荡，也是本于这主义的一种复仇的心思。我现在若有黄金千万，还想去买些白奴来，供我们中国的黄包车夫苦力小工享乐啦！

唉唉！风吹水绉，干侬底事，她们在那里贱卖血肉，于我何尤。我且探头出去看车窗外的茂茂的原田，青青的草地，和清溪茅舍，丛林旷地罢！

"啊啊，那一道隐隐的飞帆，这大约是苏州河罢！"

我看了那一条深碧的长河，长河彼岸的粘天的短树，和河内的帆船，就叫着问我的同行者沈君，他还没有回答我之先，立在我背后的一位老先生却回答说：

"是的，那是苏州河，你看隐约的中间，不是有一条长堤看得见么！没有这一条堤，风势很大，是不便行舟的。"

我注目一看，果真在河中看出了一条隐约的长堤来。这时候，在东面车窗下坐着的旅客，都纷纷站起来望向窗外去。我把头朝转来一望，也看见了一个汪汪的湖面，起了无数的清波，在那里汹涌。天上黑云遮满了，所以湖面也只似用淡墨涂成的样子。湖的东岸，也有一排矮树，同凸出的雕刻似的，以阴沉灰黑的天空作了背景，在那里作苦闷之状。我不晓是什么理由，硬想把这一排沿湖的列树，断定是白杨之林。

三

车过了阳澄湖，同车的旅客，大家不向车的左右看而注意到车的前面去，我知道苏州就不远了。等苏州城内的一枝尖塔看得出来的时候，几位女学生，也停住了她们的黄金色的英语，说了几句中国话。

"苏州到了！"

阳澄湖

"可惜我们不能下去!"

"But we will come in the winter."⑤

她们操的并不是柔媚的苏州音,大约是南京的学生罢?也许是上北京去的,但是我知道了她们不能同我一道下车,心里却起了一种微微的失望。

"女学生诸君,愿你们自重,愿你们能得着几位金龟佳婿,我要下车去了。"

心里这样的讲了几句,我等着车停之后,就顺着了下车的人流,也被他们推来推去的推下了车。

出了车站,马路上站了一忽,我只觉得许多穿长衫的人,路的两旁停着的黄包车,马车,车夫和驴马,都在灰色的空气里混战。跑来跑去的人的叫唤,一个钱两个钱的争执,萧条的道旁的杨柳,黄黄的马路,和在远处看得出来的一道长而且矮的土墙,便是我下车在苏州得着的最初的印象。

湿云低垂下来了。在上海动身时候看得见的几块青淡的天空也被灰色的层云埋没煞了。我仰起头来向天空一望,脸上早接受了两三点冰冷的雨点。

"危险危险,今天的一场冒险,怕要失败。"

我对在旁边站着的沈君这样讲了一句,就急忙招了几个马车夫来问他们的价钱。

我的脚踏苏州的土地,这原是第一次。沈君虽已来过一二回,但是那还是前清太平时节的故事,他的记忆也很模糊了。并且我这一回来,本来是随人热闹,偶尔发作的一种变态旅行,既无作用,又无目的的,所以马夫问我"上哪里去?"的时候,我想了半天,只回答了

一句"到苏州去!"究竟沈君是深于世故的人,看了我的不知所措的样子,就不慌不忙的问马车夫说:

"到府门⑥去多少钱?"

好像是老熟的样子。马车夫倒也很公平,第一声只要了三块大洋。我们说太贵,他们就马上让了一块,我们又说太贵,他们又让了五角。我们又试了试说太贵,他们却不让了,所以就在一乘开口马车里坐了进去。

起初看不见的微雨,愈下愈大了,我和沈君坐在马车里,尽在野外的一条马路上横斜的前进。青色的草原,疏淡的树林,蜿蜒的城墙,浅浅的城河,变成这样,变成那样的在我们面前交换。醒人的凉风,休休的吹上我的微热的面上,和嗒嗒的马蹄声,在那里合奏交响乐。我一时忘记了秋雨,忘记了在上海剩下的未了的工作,并且忘记了半年来失业困穷的我,心里只想在马车上作独脚的跳舞,嘴里就不知不觉的念出了几句独脚跳舞的歌来:

> 秋在何处,秋在何处?
> 在蟋蟀的床边,在怨妇楼头的砧杵,
> 你若要寻秋,你只须去落寞的荒郊行旅,
> 刺骨的凉风,吹消残暑,
> 漫漫的田野,刚结成禾黍,
> 一番雨过,野路牛迹里贮着些儿浅渚,
> 悠悠的碧落,反映在这浅渚里容与,
> 月光下,树林里,萧萧落叶的声音,便是秋的私语。

我把这几句词不像词，新诗不像新诗的东西唱了一回，又向四边看了一回，只见左右都是荒郊，前面只是一条没有尽头的长路，所以心里就害怕起来，怕马夫要把我们两个人搬到杳无人迹的地方去杀害。探头出去，大声的喝了一声：

"会！你把我们拖上什么地方去？"

那狡猾的马夫，突然吃了一惊，噗的从那坐凳上跌下来，他的马一时也惊跳了一阵，幸而他虽跌倒在地下，他的马缰绳，还牢捏着不放，所以马没有逃跑。他一边爬起来，一边对我们说：

"先生！老实说，府门⑥是送不到的，我只能送你们上洋关过去的密度桥⑦上。从密度桥到府门，只有几步路。"

他说的是没有丈夫气的苏州话，我被他这几句柔软的话声一说，心已早放下了，并且看看他那五十来岁的面貌，也不像杀人犯的样子，所以点了一点头，就由他去了。

马车到了密度桥⑦，我们就在微雨里走了下来，上沈君的友人寄寓在那里的葑门内的严衙前去。

四

进了封建时代的古城，经过了几条狭小的街巷，更越过了许多环桥，才寻到了沈君的友人施君的寓所。进了葑门以后，在那些清冷的街上，所得着的印象，我怎么也形容不出来。上海的市场，若说是二十世纪的市场，那末这苏州的一隅，只可以说是十八世纪的古都了。上海的杂乱的情形，若说是一个 busy port⑧，那么苏州只可以说是一个 sleepy town⑨ 了。总之阊门外的繁华，我未曾见到，专就我于这葑门里一隅的状况看来，我觉得苏州城，竟还是一个浪漫的古都，街上的石块，和人家的建筑，处处的环桥河水和狭小的街衢，没有一件不在那里夸示过去的中国民族的悠悠的态度。这一种美，若硬要用近代语来表现的时候，我想没有比"颓废美"的三字更适当的了。况且那时候天上又飞满了灰黑的湿云，秋雨又在微微的落下。

施君幸而还没有出去，我们一到他住的地方，他就迎了出来，沈君为我们介绍的时候，施君就慢慢的说：

"原来就是郁君么？难得难得，你做的那篇……，我已经拜读了，失意人谁能不同声一哭！"

原来施君是我们的同乡，我被他说得有些羞愧了，想把话头转一个方向，所以就问他说：

"施君，你没有事么？我们一同去吃饭罢。"

实际上我那时候，肚里也觉得非常饥饿了。

严衙前附近，都是钟鸣鼎食之家，所以找不出一家菜馆来。没有方法，我们只好进一家名锦帆榭的茶馆，托茶博士去为我们弄些酒菜来吃。因为那时候微雨未止，我们的肚里却响得厉害，想想饿着肚在微雨里奔跑，也不值得，所以就进了那家茶馆——一则也因为这家茶馆的名字不俗——打算坐它一二个钟头，再作第二步计划。

古语说得好，"有志者事竟成！"我们在锦帆榭的清淡的中厅桌上，喝喝酒，说说闲话，一天微雨，竟被我们的意志力，催阻住了。

初到一个名胜的地方，谁也同小孩子一样，不愿意悠悠的坐着的，我一见雨止，就促施君沈君，一同出了茶馆，打算上各处去逛去。从清冷修整狭小的卧龙街一直跑将下去，拐了一个弯，又走了几步，觉得街上的人和两旁的店，渐渐儿的多起来，繁盛起来，苏州城里最多的卖古书，旧货的店铺，一家一家的少了下去，卖近代的商品的店家，逐渐惹起我的注意来了，施君说：

"玄妙观就要到了，这就是观前街。"

到了玄妙观内，把四面的情形一看，我觉得玄妙观今日的繁华，与我空想中的境状大异。讲热闹赶不上上海午前的小菜场，讲怪异远不及上海城内的城隍庙，走尽了玄妙观的前后，在我脑里深深印入的印象，只有二个，一个是三五个女青年在观前街的一家箫琴铺里买箫，我站到她们身边去对她们呆看了许久，她们也回了我几眼。一个玄妙观门口的一家书馆里，有一位很年轻的学生在那里买我和我朋友共编的杂志。除这两个深刻的印象外，我只觉得玄妙观里的许多茶馆，是苏州人的风雅的趣味的表现。

早晨一早起来，就跑上茶馆去。在那里有天天遇见的熟脸。对于这些熟脸，有妻子的人，觉得比妻子还亲而不狎，没有妻子的人，当然可把茶馆当作家庭，把这些同类当作兄弟了。大热的时候，坐在茶馆里，身上发出来的一阵阵的汗水，可以以口中咽下去的一口口的茶去填补。茶馆内虽则不通空气，但也没有火热的太阳，并且张三李四的家庭内幕和东洋中国的国际闲谈，都可以消去逼人的盛暑。天冷的时候，坐在茶馆里，第一个好处，就是现成的热茶。除茶喝多了，小便的时候要起冷痉之外，吞下几碗刚滚的热茶到肚里，一时却能消渴消寒。贫苦一点的人，更可以借此熬饥。若茶馆主人开通一点，请几位奇形怪状的说书者来说书，风雅的茶客的兴趣，当然更要增加。有几家茶馆里有几个茶客，听说从十几岁的时候坐起，坐到五六十岁死时候止，坐的老是同一个座位，天天上茶馆来一分也不迟，一分也不早，老是在同一个时间。非但如此，有几个人，他自家死的时候，还要把这一个座位写在遗嘱里,要他的儿子天天去坐他那一个遗座。近来百货店的组织法应用到茶业上,茶馆的前头,除香气烹人的"火烧""锅贴""包子""烤山芋"之外,并且有酒有菜,足可使茶客一天不出外而不感得什么缺憾。像上海的青莲阁,非但饮食俱全,并且人肉也在贱卖,中国的这样文明的茶馆,我想该是二十世纪的世界之光了。所以盲目的外国人,你们若要来调查中国的事情,你们只须上茶馆去调查就是,你们要想来管理中国,也须先去征得各茶馆里的茶客的同意,因为中国的国会所代表的,是中国人的劣根性无耻与贪婪,这些茶客所代表的倒是真真的民意哩!

五

出了玄妙观,我们又走了许多路,去逛遂园⑱,遂园在苏州,同我在上海一样,有许多人还不晓得它的存在。从很狭很小的一个坍败的门口,曲曲折折走尽了几条小弄,我们才到了遂园的中心。苏州的建筑,以我这半日的经验讲来,进门的地方,都是狭窄芜废,走过几条曲巷,才有轩厂华丽的屋宇。我不知这一种方式,还是法国大革命前的民家一样,为避税而想出来的呢?还是为唤醒观者的观听起见,用修辞学上的欲扬先抑的笔法,使能得着一个对称的效力而想出来的?

遂园是一个中国式的庭园,有假山有池水有亭阁,有小桥也有几枝树木。不过各处的坍败的形迹和水上开残的荷花荷叶,同暗澹的天气合作一起,使我感到了一种秋意,使我看出了中国的将来和我自家的凋零的结果。啊!遂园吓遂园,我爱你这一种颓唐的情调!

在荷花池上的一个亭子里，喝了一碗茶，走出来的时候，我们在正厅上却遇着了许多穿轻绸绣缎的绅士淑女，静静的坐在那里喝茶咬瓜子，等说书者的到来。我在前面说过的中国人的悠悠的态度，和中国的亡国的悲壮美，在此地也能看得出来。啊啊，可怜我为人在客，否则我也挨到那些皮肤嫩白的太太小姐们的边上去静坐了。

出了遂园，我们因为时间不早，就劝施君回寓。我与沈君在狭长的街上飘流了一会，就决定到虎丘去。

（此稿执笔者因病中止）

【注释】

① Und ich, ich Schnuere Den Sack and wandere：（德文）而我呢，我扎紧钱袋去漫游。

② 象以齿毙，膏用明煎：象以齿毙，意为象因为有珍贵的牙齿而遭到捕杀。比喻人因为有钱财而招祸。《左传·襄公二十四年》："象有齿以焚其身，贿也。"膏用明煎，意为油脂由于照明而熬尽。《庄子·人间世》："山水自寇也，膏火自煎也。"膏，油脂。"自煎"意为自取溶煎，比喻有才学的人因才能而得祸。

③ 海儿克儿斯（Hercules）：通译海克力斯，希腊神话中力大无穷的英雄，完成了希拉女神交给他的十二件难事。

④ 薄爱民语（La langue des Bohemiens）：（法文）通译波希米亚语，捷克西部的一种语言。

⑤ But we will come in the winter：（英文）不过我们冬天会来的。

⑥ 府门：为"莳门"之误，吴语中"莳"读如"fǔ"。

⑦ 密度桥：为"觅渡桥"音之误。桥位于苏州城东南隅。

⑧ busy port：（英文）繁华的港口。

⑨ sleepy town：（英文）冷清的小镇。

⑩ 遂园；旧称慕家花园、荫庐，建筑古色古香。是典型的江南园林造景，风景优美。

关于女子（节选）

徐志摩

本文为徐志摩在苏州女子中学（今江苏省新苏师范）所作的讲演稿，原题为《匆忙生活中的闲想》，发表于《新月》二卷八期，改作今题。此据《徐志摩文集》（香港商务印书馆1983年版）。

徐志摩（1897—1931），诗人。浙江海宁人。来苏州演讲时，他任《新月》杂志总编辑，上海光华大学、大夏大学教授。

《关于女子》的中心是谈妇女问题，但在开头却大谈了一通有关苏州的话，作者选择了一个独特的切入口，由苏州的读音说起，以世界和国内名城为参照系，从比照中显现苏州之美；挥洒开去，从寒山钟声、虎阜芳草一直谈到吴侬软语和寺观香烟，从容地揭示苏州的神韵。

徐氏讲演的这个开头是专赞苏州的，可以相对独立，本书就选了这一部分。

苏州！谁能想像第二个地名有同样清脆的声音，能唤起同样美丽的联想，除是南欧的威尼市或翡冷翠，那是远在异邦，要不然我们就得追想到六朝时代的金陵广陵或许可以仿佛？当然不是杭州，虽则苏杭是常常联着说到的；杭州即使有几分美秀，不幸都教山水给占了去，更不幸就那一点儿也成了问题：你们不听说雷峰塔已经教什么国术大力士给打个粉碎，西湖的一汪水也教大什么会的电灯给照干了吗？不，不是杭州，说到杭州我们不由的觉得舌尖上有些儿发锈。所以只剩了一个苏州准许我们放胆的说出口，放心的拿上手。比是乐器中的笙箫，有的是袅袅的余韵。比是青青的柏子，有的是沁人心脾的留香。在这里，不比别的地处，人与地是相对无愧的；是交相辉映的；寒山寺的钟声与吴侬的软语一般的令人神往；虎丘的衰草与玄妙观的香烟同样的勾人留恋。

但是苏州——说也惭愧，我这还是第二次到，初次来时只匆匆的过了一宵，带走的只有采芝斋的几罐糖果和一些模糊的印象。就这次来也不得容易。要不是陈淑先生相请的殷勤。——聪明的陈淑先生，她知道一个诗人的软弱，她来信只淡淡的说你再不来时天平山经霜的枫叶都要凋谢了——要不是她的相请的殷勤，我说，我真不知道几时才得偷闲到此地来，虽则我这半年来因为往返沪宁间每星期得经过两次，每星期都得感到可望而不可即的惆怅。为再到苏州来我得感谢她。但陈先生的来信却不单单提到天平山的霜枫，她的下文是我这半月来的忧愁；她要我来说话——到苏州来向女同学们说话！我如何能不忧愁？当然不是愁见诸位同学，我愁的是我现在这相儿，一个人孤伶伶的站在台上说话！我们这坐惯冷板凳日常说废话的所谓教授们最厌烦的，不瞒诸位说，就是我们自己这无可奈何的职务——说话（我

女子水巷泛舟

再不敢说讲演,那样粗蠢的字样在苏州地方是说不出口的)。

就说谈话吧,再让一步,说随便谈话吧,我不能想像更使人窘的事情!要你说话,可不指定要你说什么,"随便说些什么都行",那天陈先生在电话里说。你拿艳丽的朝阳给一只芙蓉或是一只百灵,它就对你说一番极美丽动听的话;即使它说过了你冒失的恭维它说你这"讲演"真不错,它也不会生气,也不会惭愧,但不幸我不是芙蓉更不是百灵。我们乡里有一句俗话说宁愿听苏州人吵架,不愿听杭州人谈话。我的家乡又不幸是在浙江,距着杭州近,离着苏州远的地处。随便说话,随你说什么,果然我依了陈先生扯上我的乡谈,恐怕要不到三分钟你们都得想念你们房间里备着的八卦丹或是别的止头痛的药片了!

但陈先生非得逼我到,逼我献丑,写了信不够,还亲自到上海来邀。我不能不答应来。"但是我去说些什么呢,苏州,又是女同学们?"那天我放下陈先生的电话心头就开始踌躇。不要忙,我自己安慰自己说,在上海不得空闲,到南京去有一个下午可以想一想。那天在车上倒是有福气看到镇江以西,尤其是栖霞山一带的雪叶。虽则那早上是雾茫茫的,但雪总是好东西,它盖住地面的不平和丑陋,它也拓开你心头更清凉的境界,山变了银山,树成了玉树,窗以外是彻骨的凉,彻骨的静,不见一个生物,鸟雀们不知藏躲在那里,雪花密团团的在半空里转。栖霞那一带的大石狮子,雄踞在草田里张着大口向着天的怪东西,在雪地里更显得白,更显得壮,更见得精神。在那边相近还有一座塔,建筑雕刻,都是第一流的美术,最使人想见六朝的风流,六朝的闲暇。在那时政治上没有统一的野心家,江以南,江以北,各自成家,汉也有,胡也有,各造各的文化。且不说龙门,且不说云冈，就这栖霞的一些遗迹，就这雄踞在草田里的大石狮，已够使我们想见当时生活的从容，气魄的伟大，情绪的俊秀。

　　我们在现代感到的只是局促与匆忙。我们真是忙，谁都是忙。忙到倦，忙到厌。但忙的是什么？为什么忙？我们的子孙在一千年后，如其我们的民族再活得到一千年，回看我们的时代，他们能不能了解我们的匆忙？我们有什么东西遗留给他们可以使他们骄傲，宝贵，值得他们保存，证见我们的存在，认识我们的价值，可以使他们永久停留他们爱慕的纪念——如同那一只雄踞在草田里的大石狮？我们的诗人文人贡献了些什么伟大的诗篇与文章？我们的建筑与雕刻，且不说别的，有那样可以留存到一百年乃至十年五年而还值得一看的？我们的画家怎样描写宇宙的神奇？我们那一个音乐家是在解释我们民族的性灵的奥妙？但这时候我眼望着的江边的雪地已经戏幕似的变形成为北方赤地几千里的灾区，黄沙天与黄土地的中间只有惨淡的风云，不见人烟的村庄以及这里那里枝条上不留一张枯叶的林木。我也望得见几千万已死的将死的未死的人民，在不可名状的苦难中为造物主的地面上留下永久的羞耻。在他们迟钝的眼光中，他们分明说他们的心脏即使还在跳动他们已经失去感觉乃至知觉的能力，求生或将死的呼号早已逼死在他们枯竭的咽喉里；他们分明说生活，生命，乃至单纯的生存已经到了绝对的绝境，前途只是沙漠似的浩瀚的虚无与寂灭，期待着他们，引诱着他们，如同春光，如同微笑，如同美。我也望见钩结在连环战祸中的区域与民生；为了谁都不明白的高深的主义或什么的相互的屠杀，我也望见那少数的妖魔，踞坐在跸卫森严的魔窟中计较下一幕的布景与情节，为表现他们的贪，他们的毒，他们的野心，他们的威灵，他们手擎着全体民族的命运当作一掷的孤注。我也望见这时代的烦闷毒气似的在半空里没遮拦的往下盖,被牺牲的是无量数春花似的青年。这憧憬中的种种都指点着一个归宿,一个结局——沙漠似的浩瀚的虚无与寂灭,不分疆界永不见光明的死。

我方才不还在眷恋着文化的消沉吗?文化,文化,这呼声在这可怖的憧憬前,正如灾民苦痛的呼声,早已逼死在枯竭的咽喉里,再也透不出声响。但就这无声的叫喊已经在我的周围引起怪异的回响,像是哭,像是笑,像是鸱枭,像是鬼……

但这声响来源是我坐位邻近一位肥胖的旅伴的雄伟的呵欠。在这呵欠声中消失了我重叠的幻梦似的憧憬,我又见到了窗外的雪,听到车轮的响动。下关的车站已经到了。

我能把我这一路的感想拉杂来充当我去苏州的谈话资料吗,我在从下关进城时心里计较。秀丽的苏州,天真的女同学们,能容受这类荒伧,即使不至怪诞的思想吗?她们许因为我是教文学的想从我听一些文学掌故或文学常识。但教书是无可奈何,我最厌烦的是说本行话。他们又许因为我曾经写过一些诗是在期望一个诗人的谈话,那就得满缀着明月和明星的光彩,透着鲜花与鲜草的馨香,要不然她们竟许期待着雪莱的玄雀或是济慈的夜莺。我的倒像是鸱枭的夜啼,不是太煞尽了风景?这,我又转念,或许是我的过虑,他们等着我去谈话正如他们每月或每星期等着别人去谈话一样,无非想听几句可乐的插科与诙谐(如其有的话,那算是好的),一篇,长或是短,勉励或训诲的陈腐(那是你们打呵欠乃至瞌睡的机会),或是关于某项专门知识的讲解(那你们先生们示意你们应得掏出铅笔在小本子上记下的)写了几句自己谦让道歉不曾预备得好的话,在这末尾与他鞠躬下台时你们多少间酬报他一些鼓掌,就算完事一宗,但事实上他讲的话,正如讲的人，不能希望（他自己也不希望）在你们的脑筋里留有仅仅隔夜的印象，某人不是到你们这里来讲过的吗，隔几天许有人问。嗄，不错是有的，他讲些什么了？谁知道他讲什么来了，我一句也没有听进去，不是你提起，我忘都忘了我听过他讲哪！

　　这是一班到处应酬讲演人的下场头。他们事实上也只配得这样的下场头。穷、窘、枯、干，同学们，是现代人们的生活。干、枯、窘、穷，同学们，是现代人们的思想。不要把上年纪的人们，占有名气或地位的人们看太高了，他们的苦衷只有他们自家得知，这年头的荒歉是一般的。

　　也不知怎的我想起来说些关于女子杂话。不是女子问题。我不懂得科学，没有方法来解剖"女子"这个不可思议的现象。我也不是一个社会学家，搬弄着一套现成的名词来清理恋爱，改良婚姻或家庭。我也没有一个道学家的权威，来督责女子们去做良妻贤母，或奖励她们去做不良的妻不贤的母。我没有任何解决或解答的能力。我自己所知道的只是我的意识的流动，就那个我也没有支配的力量。就比是隔着雨雾望远山的景物，你只能辨认一个大概。也不知是那里来的光照亮了我意识的一角，给我一个辨认的机会，我的困难是在想用粗笨的语言来传达原来极微纤的印象，像是想用粗笨的铁针来绣描细致的图案。我今天所要查考的，所以，不是女子，更不是什么女子问题，而是我自己的意识的一个片段。

苏州的回忆

周作人

本文选自《苦口甘口》（上海太平书局 1944 年版）。

周作人（1885—1967），散文家、翻译家。中国民俗学开创者。原名櫆寿（后改为奎绶），字星杓，又名启明、启孟等，号知堂等，笔名遐寿、仲密等。鲁迅二弟。浙江绍兴人。青年时代留学日本。"五四"运动期间，提倡新文学，任北大文科（文学院）教授。以后思想转向消沉。抗战期间，出任伪华北政务委员会教育总署督办。1943 年到南京、苏州一带参观，当时的报章曾作了广泛的宣传。《苏州的回忆》作于他由南方返北平以后的次年。平生著译甚丰，著名的有《自己的园地》《谈龙集》《苦茶随笔》等。

作者所写的是日伪统治下的苏州，但因为他当时是伪政府要员，又是匆匆一顾，并没有写出其时沦陷中苏州生灵涂炭的情景。加上他本人的儒家本位观念，闲适淡泊、清逸高远的人生态度，即使有所见，也往往以淡笔出之。不过细心体会后，又不难发现作为社会批评家的周作人在文章中所表现出的内心痛苦，如他到了苏州联想到绍兴所惹动的乡愁，见到章太炎住宅有一部分为日本人（文中隐约其辞，称为"外国人"）所占而不能去参观的惆怅。文中从在吴苑吃茶见到的苏州"物资充裕，生活安闲"的状况，兼而话及华北困穷，也是对日本帝国主义"以战养战"政策的微讽。更值得注意的是，他对浙东两位大儒俞樾、章太炎选择在苏州治学和讲学原委的探讨以及他对光大吴文化的建议，都是超越于那个时代的。

说是回忆，仿佛是与苏州有很深的关系，至少也总住过十年以上的样子，可是事实上却并不然。民国七八年间坐火车走过苏州，共有四次，都不曾下车，所看见的只是车站内的情形而已。去年四月因事往南京，始得顺便至苏州一游，也只有两天的停留，没有走到多少地方，所以见闻很是有限。当时江苏日报社有郭梦鸥先生以外几位陪着我们走，在那两天的报上随时都有很好的报道，后来郭先生又有一篇文章，登在第三期的《风雨谈》上，此外实在觉得更没有什么可以纪录的了。但是，从北京远迢迢地往苏州走一趟，现在也不是容易事，其时又承本地各位先生恳切招待，别转头来走开之后，再不打一声招呼，似乎也有点对不起。现在事已隔年，印象与感想都渐就着落，虽然比较地简单化了，却也可以稍得要领，记一点出来，聊以表示对于苏州的恭敬之意，至于旅人的话，谬误难免，这是要请大家见恕的了。

我旅行过的地方很少，有些只根据书上的图像，总之我看见各地方的市街与房屋，常引起一个联想，觉得东方的世界是整个的。譬如中国，日本，朝鲜，琉球，各地方的家屋，单就照片上看也罢，便会确凿地感到这里是整个的东亚。我们再看乌鲁木齐，宁古塔，昆明各地方，又同样的感觉这里的中国也是整个的。可是在这整个之中别有其微妙的变化与推移，看起来亦是很有趣味的事。以前我从北京回绍兴去，浦口下车渡过长江，就的确觉得已经到了南边，及车抵苏州站，看见月台上车厢里的人物声色，便又仿佛已入故乡境内，虽然实在还有五六百里的距离。现在通称江浙，有如古时所谓吴越或吴会，本来就是一家，杜荀鹤有几首诗说得很好，其一送人游吴云：

"君到姑苏见，人家尽枕河。古宫闲地少，水港小桥多。夜市卖菱藕，春船载绮罗。遥知未眠月，乡思在渔歌。"

又一首送友游吴越云：

"去越从吴过，吴疆与越连。有园多种橘，无水不生莲。夜市桥边火，春风寺外船。此中偏重客，君去必经年。"

诗固然做的好，所写事情也正确实，能写出两地相同的情景。我到苏州第一感觉的也是这一点，其实即是证实我原有的漠然的印象罢了。我们下车后，就被招待游灵岩去，先到木渎在石家饭店吃过中饭。从车站到灵岩，第二天又出城到虎丘，这都是路上风景好，比目的地还有意思，正与游兰亭的人是同一经验。我特别感觉有趣味的，乃是在木渎下了汽车，走过两条街往石家饭店去时，看见那里的小河,小船,石桥,两岸枕河的人家,觉得和绍兴一样,这是江南的寻常景色,在我江东的人看了也同样的亲近,恍如身在故乡了。又在小街上见到一爿糕店,这在家乡极是平常,但北方绝无这些糕类,好些年前曾在《卖糖》这一篇小文中附带说及,很表现出一种乡愁来,现在却忽然遇见,怎能不感到喜悦呢。只可惜匆匆走过,未及细看这柜台上蒸笼里所放着的是什么糕点,自然更不能够买了来尝了。不过就只是这样看一眼走过了,也已很是愉快,后来不久在城里几处地方,虽然不是这店里所做,好的糕饼也吃到好些,可以算是满意了。

第二天往马医科巷,据说这地名本来是蚂蚁窠巷,后来转化,并不真是有过马医牛医住在那里,去拜访俞曲园先生的春在堂。南方式的厅堂结构原与北方不同,我在曲园前面的堂屋里徘徊良久之后,再

曲园春在堂

往南去看俞先生著书的两间小屋，那时所见这些过廊、侧门、天井种种，都恍忽是曾经见过似的，又流连了一会儿。我对同行的友人说，平伯有这样好的老屋在此，何必留滞北方，我回去应当劝他南归才对。说的虽是半玩半笑的话，我的意思却是完全诚实的，只是没有为平伯打算罢了，那所大房子就是不加修理，只说点灯，装电灯固然了不得，石油没有，植物油又太贵，都无办法，故即欲为点一盏读书灯计，亦自只好仍旧蛰居于北京之古槐书屋矣。我又去拜谒章太炎先生墓，这是在锦帆路章宅的后园里，情形如郭先生文中所记，兹不重述。章宅现由省政府宣传处明处长借住，我们进去稍坐，是一座洋式的楼房，后边讲学的地方云为外国人所占用，尚未能收回，因此我们也不能进去一看，殊属遗憾。俞章两先生是清末民初的国学大师，却都别有一种特色，俞先生以经师而留心新文学，为新文学运动之先河，章先生以儒家而兼治佛学，倡导革命，又承先启后，对于中国之学术与政治的改革至有影响，但是在晚年却又不约而同的定住苏州，这可以说是非偶然的偶然，我觉得这里很有意义，也很有意思。俞章两先生是浙西人，对于吴地很有情分，也可以算是一小部分的理由，但其重要的原因还当别有所在。由我看去，南京、上海、杭州，均各有其价值与历史，惟若欲求多有文化的空气与环境者，大约无过苏州了吧。两先生的意思或者看重这一点，也未可定。现在南京有中央大学，杭州也有浙江大学了，我以为在苏州应当有一个江苏大学，顺应其环境与空气，特别向人文科学方面发展，完成两先生之弘业大愿，为东南文化确立其根基，此亦正是丧乱中之一切要事也。

在苏州的两个早晨过得很好，都有好东西吃，虽然这说的似乎有点俗，但是事实如此，而且谈起苏州，假如不讲到这一点，我想终不免是一个罅漏。若问好东西是什么，其实我是乡下粗人，只知道是糕饼点心，到口便吞，并不曾细问种种的名号。我只记得乱吃得很不少，当初《江苏日报》或是郭先生的大文里仿佛有着纪录。我常这样想，一国的历史与文化传得久远了，在生活上总会留下一点痕迹，或是华丽，或是清淡，却无不是精练的，这并不想要夸耀什么，却是自然应有的表现。我初来北京的时候，因为没有什么好点心，曾经发过牢骚，并非真是这样贪吃，实在也只为觉得他太寒伧，枉做了五百年首都，连一些细点心都做不出，未免丢人罢了。我们第一天早晨在吴苑，次日在新亚，所吃的点心都很好，是我在北京所不曾见过的，后来又托朋友在采芝斋买些干点心，预备带回去给小孩辈吃，物事不必珍贵，但也很是精炼的，这尽够使我满意而且佩服，即此亦可见苏州生活文化之一斑了。这里我特别感觉有趣味的，乃是吴苑茶社所见的情形。茶食精洁，布置简易，没有洋派气味，固已很好，而吃茶的人那么多，有的像是祖母老太太，带领家人妇子，围着方桌，悠悠的享用，看了很有意思。性急的人要说，在战时这种态度行么？我想，此刻现在，这里的人这么做是并没有什么错的。大抵中国人多受孟子思想的影响，他的态度不会得一时急变。若是因战时而面粉白糖渐渐不见了，被迫得没有点心吃，出于被动的事那是可能的。总之在苏州，至少是那时候，见了物资充裕，生活安适，由我们看惯了北方困穷的情形的人看去，实在是值得称赞与羡慕。我在苏州感觉得不很适意的也有一件事，这便是住处。据说苏州旅馆绝不容易找，我们承公家的斡旋得能在乐乡饭店住下，已经大可感谢了，可是老实说，实在不大高明。设备如何都没有关系，就只苦于太热闹，那时我听见打牌声，幸而并不在贴夹壁，更幸而没有拉胡琴唱曲的，否则次日往虎丘去时马车也将坐不稳了。就是像沧浪亭的旧房子也好，打扫几间，让不爱热闹的人可以借住，一面也省得去占忙的房间，妨碍人家的娱乐，倒正是一举两得的事吧。

在苏州只住了两天，离开苏州已将一年了，但是有些事情还清楚的记得，现在写出来几项以为纪念，希望将来还有机缘再去，或者长住些时光，对于吴语文学的发源地更加以观察与认识也。

民国甲申三月八日

三重奏下的和合苏州

陈长荣

本文选自 2004 年 6 月 28 日《苏州日报》。

陈长荣（1954— ）江苏盐城人，文化学者。南京师范大学研究生毕业，苏州大学出版社编审。

这是一篇充溢着智性考量和理性思辨的散文。

作者从揭示苏州工业园区建立十年来的成就入手，述说了苏州的整体变化，引出自己多年前对苏州未来的预言：苏州将呈现为洋苏州、新苏州和古苏州的三重奏，点出了题意。接下去，在略略回顾乐曲前阕演奏情况以后，就着力地述说乐章后部展开后将会呈现的情境，并对乐曲演奏处理的要领指点评说。

要酣畅淋漓地演奏好"和合苏州""三重奏"是不容易的。如要演奏好，一是处理好每重奏内部的关系。二是要处理好三者之间的关系。就前一点而言，文章作出深度分析，即为分别处理好传统文化与现代化之间的关系；经济与文化之间的关系；

科技苏州与人文苏州的关系。处理好这些关系，要合度。就后一点而言，就是体现"和合精神"。

文章高屋建瓴，抚十年于一瞬，将回顾与前瞻融为一体，顺着历史的轨迹，展示出苏州发展的前景和得以高速发展的基本经验，既注意智性的逐层逐次的分析，又注意体现理性的思辨精神，常设置自我辩诘将讨论引向深入。作品容量大，有深度，且文情多变化，能引人入胜。

十年前，当中新合作的苏州工业园区在金鸡湖畔蓝图初绘之时，笔者曾经做过这样的预言：苏州将呈现为洋苏州、新苏州和古苏州的三重奏。如今，洋苏州初展英姿，新苏州生意盎然，而古苏州则在深厚的历史积淀之中透发出无穷的魅力。

在进入全球化的情境下，苏州这个古老的东方文化名城的状况如何，其发展的指向又是什么，这是一个为世人所普遍瞩目与关注的话题。历史将苏州又一次推到古与今、中与外的交叉融汇点上，使其面临着又一轮文化抉择。走向二十一世纪的苏州，从容不迫地交出了一份答卷，让世人感受到其沉甸甸的历史分量。

当下的苏州，其发展态势是：取外国之洋，创中华之新，存东方之古。存古为继承传统，取洋以博采众长，创新则自出机杼。三者统一，其意则为再造苏州，重铸辉煌。文化辩证法其义深奥，倘一味"存古"，不领略浩浩荡荡之世界潮流，有悖于"周虽旧邦，其命维新"之大义，古则古矣，总不免抱残守缺、泥古不化，难以跟上时代前进之步伐；倘一味"取洋"，唯"洋"之马首是瞻，全无自己的一套当家行当，则难逃东施效颦、邯郸学步之命运，恐怕学他人之步未成而先乱了自己的阵脚；倘一味求新，了无依傍，全无凭借，虽以花样翻新而求出奇制胜，但难免有蹈空凌虚之感，在追赶时髦与热闹一番过后，总是少了一份厚重与稳健。苏州之道，有别于此。所谓"三个苏州"，"三"者，不是"一"，不是"二"，亦不是外在的、互不关联的三块，而是三者内在地相互包孕，洋而中，新而古，唯其如此，方能多元共存，融会贯通。这正是当下之独特的苏州。

所谓洋而中、新而古，意态纷呈，气象万千，择其大要有三，一曰现代与传统相得益彰，二曰经济与文化互为协调，三曰科技与人文比翼齐飞。

就传统文化与现代化的关系而言，人们常常不能很好地把握其间的内在联系，从而出现处置失当的情形。苏州的建设者们则是较好地解决了继承与发展、推陈而出新的课题，这在古城保护的问题上表现得尤为明显。讲创新，讲现代，并不是要一味地模仿与采纳西方的建筑风格，特别是对于这样一个富有浓厚文化韵味的苏州古城区来说，如果不尊重历史的传统，完全按"洋"的一套去搞，就会破坏掉其中许多具有内在韵味的东西，就会使原有的文化厚味变得淡薄，从而造成永远不可弥补的文化丧失。问题的另一面则是，古城亦不是空中楼阁式的存在，作为现实的人居之地，决定了其功能必须随着时代的步伐而走向现代化。笼而统之地讲维持原貌，企图将其凝固而封存起来，使其处于"冻结"的状态，这既会窒息其内在的生机，也是不切实际的、带有理想化色彩的做法。苏州人以其对古城的钟爱，以其自觉的、历史名城的文化意识，凭借其聪慧与灵巧，如制作苏绣般地描绘了一幅城市现代化功能与古城保护完美结合的新的《平江图》。一个适应时代的、具有现代化功能而又充满着小桥流水情趣的苏州古城区，正折射出苏州人娴熟地处理现代与传统之关系的水准和能力。

从经济与文化之间的关系上看，苏州正呈现为一派良性互动的情形。近年来，苏州经济发展势头迅猛，成为中华大地一颗耀眼的明星，被人们惊呼为"苏州速度"，誉之为"苏州现象"。当然，在苏州的经济奇迹为人们所交口称道的同时，亦有一些关心苏州发展的人士在心中忖度：苏州是否只注意了 GDP 的巨大增长而忽略了其他方面的协调发展？苏州吸引外资的骄人业绩是否会隐藏了经济中空化的情形？如此等等，其实质乃在于担心苏州的后劲也就是可持续发展问题。当然，这样的担心不是没有来由的，这些问题也不是不值得苏州方面引起警惕的，尤其是这些善意的提醒更是苏州人应当心存感激

园区中央公园

的。而现实的情形在于，从苏州近年来发展的实践来看，其以"协调"为特征的发展模式是颇为引人注目的。一、二、三产业之间的协调，人与自然环境的协调，经济、文化与社会的协调，这种以"协调"为特征的文明发展观支撑着苏州的发展。同时，"文化"之一维也直接地推动着苏州的进步，表现为一种现实的生产力。苏州的经济发展与文化是交融在一起的。由于有着深厚的文化底蕴，苏州将有着持续的发展后劲。历史将证明，像苏州这样一个有着极为深厚之文化积淀的城市，其繁荣与昌盛将是稳定的、长久的，这座文化之城的无形的文化力是巨大的，有着持久的辐射力、穿透力和无限的生机。

科技苏州与人文苏州的齐头并进，是苏州新时期发展的又一态势。科技之于一个地区发展的重要性自不待言。苏州精心打造科技之城，正是勇立于世界知识经济的大潮之中，为提升城市的核心竞争力而扬帆远航。苏州人目光远大，业绩可嘉，已摘得世界新兴科技城市之桂冠，其前程正不可限量。科技之城的建设，对于苏州这一东方古城来说其意义尤为重大，它不但为苏州经济的发展提供了源泉与动力，而且为古老的状元之城注入了科技理性，在文化层面上强化了其科学精神之一维。古老深厚的人文传统之积淀，新型的现代科技理性之融入，这种科学精神与人文精神的交融，将会使苏州文化跃迁到更高的层次并进入一个崭新的境界。

曾经有一位学者把中国哲学概括为"和合哲学"。这使我们立刻想起苏州寒山古寺的寒山、拾得"和合二仙"。苏州人是推崇"和合精神"的。并且，在我看来，当下古苏州、新苏州、洋苏州的三重奏，正是这种"和合精神"的典型之体现！

感悟苏州

范小青

本文选自《苏州人》（南京大学出版社 2014 年版）。

范小青（1955— ），女，江苏苏州人。曾任江苏省作家协会主席。著有小说集《裤裆巷风流记》《个体部落记事》《锦帆桥人家》《天砚》等，散文随笔集《贪看无边月》《又是雨季》《苏州人》等，另有《范小青文集》等。

范小青是以写苏州见称的女作家，她的小说浸透了苏味。她又将这种小说的写法化用到散文随笔的写作之中，使这类作品显得分外鲜活、灵动，于平和、波澜不惊的述说之中，让读者获得审美愉悦。《感悟苏州》很能显示范小青的这种创作特征。

作品遵循说理散文的思路，采用分论兼进层的结构方式。文章从述说自然环境与人文心理的关系入笔，说明了秀水青山孕育了苏州人宽厚平和的性格。接下去，分别从男和女、吴语特性、平淡的日常生活和激烈的矛盾冲突中的行为方式、周边古镇茶馆的情境等多个侧面,将苏州人的性格特征予以揭示。文章改变了说理文例证述说要有所节制的规定,挥洒开去,像小说一般淋漓尽致地进行书写,如沈周的宽厚,情郎误时时少女的宽容,一触即发即将干架的场景中隐含的谦恭,寒山、拾得谈话中深寓的随和哲理。如若这些文字单抽出来,会是一个个小特写;合起来就是连绵的苏州人的人生画廊。但也有些地方,如同说理文,讲究凝练,笔墨收敛,如描述苏州的自然风景、苏州话的特征,只是点到为止。作者的笔致还不囿于写苏州,常常将苏州置于更为广阔的视界之中,以他地为参照系,从比较中凸显苏州人的性格特征,而这种对他者的记叙,有时也不吝笔墨,如写外地人一言不合就打起来,闹到派出所,原来只不过是睚眦必报而已。如小说一般的变格与说理散文一般的合格,话语方式随着文情的不断变化,形成了一般说理散文中罕见的节奏感。

文章的述说,也透露出苏州人的性格,透露出带有范小青个性特征的苏味:文情如水,平和、随性、风趣,再带上一点诙谐,在动情乃至发噱的话语中,让读者自然地领略其中深寓的哲理。作者不刻意求深,不去费力地进行逻辑推导。如从述说苏州人性格到探究其底蕴,再过渡到探究其在经济、文化发展上的作用,只是轻轻地一拨,结末的收束,点题,揭示作者的思维过程——观照苏州而生感悟,也是水到渠成。行文如水之就下,行其所当行,止其所当止。

范小青谈自己的散文写作,归结到一点,就是"信马由缰",即不守成法,不拘一格,但又懂得节制,如同让马去放纵奔驰,但又要把握好缰绳一般。在本文中,这个创作理念得到了较为完满的呈现。

苏州是山水的苏州。

但是苏州的山不够高不够险峻，苏州的水也不是壮阔的，是秀水青山，是笼在雨水雾气中的，是细气的美，便孕育出柔软温和的苏州性格来了。

苏州是性格的苏州。

许多的苏州人，他们性情平和，与世无争。明代画家沈周，就是一个很好说话的人。那时候他的画出了名，求画的人很多很多，每天早晨，大门还没有开，求画人的船已经把沈家门前的河港塞得满满。沈周从早画到晚，也来不及应付，沈周外出，也有人追到东追到西地索画，就是所谓的"履满户外"。沈周实在来不及，又不忍拂人家的面子，只好让他的学生代画，加班加点，才能应付。但这样一来，假画也就多起来，到处是假沈周。沈周知道了，也不生气，甚至有人拿了假沈周来请他题字，他也笑眯眯地照提无妨。有一个穷书生，因为母亲生病，没有钱治病，便临摹了沈周的画，为了多卖几个钱，特意拿到沈周那里，请他写字，沈周一听这情况，十分同情，不仅题字加印，还替他修饰一番，结果果然卖了个好价钱。号称"明代第一"的沈周如此马马虎虎稀里哗啦好说话，按照现代人的看法，这实在是助长了歪风邪气，支持了假冒伪劣，但沈周就是这么一个生在苏州、长在苏州、充满苏州味的苏州人呀。

苏州的男人尚且如此，苏州的姑娘又是如何呢？我们看，一个苏州的姑娘在树下等着心上人，可是她等呀等呀，等了很长时间也没有等来小伙子，她望眼欲穿，但并不生气，也不恼怒，她轻轻地念叨着："约郎约在月上时，等郎等到月斜西。不知是侬处山低月上早？还是郎处山高月上迟？"焦急失望的心情都是那么的委婉感人，唉呀呀，找这般好脾气，善解人意替人着想的苏州姑娘做老婆，小伙子可是前世修来的福啊。

苏州人说话软绵绵的，糯，软，柔，嗲，细语轻声，温情脉脉，可以用很多形容词来形容，所以大家说，宁和苏州人吵架，不和某某人说话。外地人耳朵里听到了苏州话，总是说，咦，苏州话真好听，其实他们也听不懂。苏州话的柔软，不止是在话语本身的韵律或者音调上，用词造句，说话的意思，均是温文尔雅。

自然，苏州人在日常生活中也有生气的时候，只不过在表现方式上，和别地方的人有所不同。比如苏州人和别人发生了矛盾，火也冒了，骂也骂了，还是不能解决，形势十分紧张，眼看着就要动手了，这时候，他们用苏州话说，请问要不要请你吃一个耳光？末了还要加一个词：搭搭。轻轻地像抚摸一下。矛盾的双方，都斜侧着自己的身体，冲上前去，离对方很近很近了，但是他们并不抬起手来，也不伸出拳去，却拿自己的右肩或者左肩让到对方面前，口中喃喃：奈打呐，奈打呐，翻译成普通话，就是：你打呀，你打呀。也算一绝。气得忍无可忍要打架了，却不是动手打人，而是让出自己的身体给别人打。苏州人如此吵架，也算是谦恭到了家，只是事情还远没有结束呢，再下去是不是就要动手了呢，也仍然没有，他们只是盯着对方的脸，说，你打呀，你打呀，你怎么不打？你不打你就是缩头乌龟。挑衅的意味越来越浓了，战斗的气息也越来越强烈了，是不是就激得对方动手了呢？没有，为什么呢？因为对方也与他一样，嘴里说着你打呀，你不打你就是缩头乌龟，手呢，至多只是用来指指点点，离对方的鼻子尚有较远的一段距离，只能算是愤怒遥指罢。

其他地方的人，看了这样的场面和这种出乎意料的结果，就十分的不满，这算什么，若是吵架的是男人，他们会用很瞧不起的眼色说，这也算男人？在我们那里，恐怕头都破了，弄不好已经有人进了医院，有人进了班房。你这叫什么，叽里呱啦烦了半天，就这么不了了之啦，就这么散啦，这也叫打架？没见过，不可思议。像我们那里，两个人走在街上，走着走着打了起来，打得头破血流，最后打到派出所，警察问，你们打的什么架，有仇？没有。有怨？没有。欠债不还？没有。第三者？不是。那你们打什么，他是谁，你是谁，两人面面相觑，我不认得他是谁，他也不认得我是谁，两个互不认得的人，在街上走着走着就打了起来，为什么呢，两人异口同道，我看着他不顺眼，来气，来气怎么办？打！怎一个打字了得。

但是苏州人是不喜欢打架的，他们喜欢文文静静地坐着，喝茶，聊天，或者不说话，看小河的水轻轻地流，他们的性情本来就比较温和，他们愿意人与人和好相处，不要闹矛盾。可惜的是，这只能是一种善良而美好的愿望，有人的地方总有矛盾呀，那么，不愿意争斗的苏州人他们怎么办呢？

苏州寒山寺的寒山和拾得，是唐代贞观时的两位高僧，一对好友，在传说的故事中，他们是文殊菩萨和普贤菩萨的化身，但即使是菩萨的化身，即使是高僧，他们在人间，也会有人间的烦恼，人间的种种矛盾，他们也要体验。有一天，寒山实在被搞得难过了，他去向拾得求教，说，拾得呀，我本来是想和人好好相处的，但是这世上的人，他们谤我、欺我、辱我、笑我、轻我、贱我、恶我、骗我，我怎么办呢？我如何对他们呢？拾得听了，他微微一笑，说，寒山呀，这不难，你只要忍他、让他、由他、避他、耐他、敬他、不要理他，再待几年，你且看他。寒山和拾得的对话，千古流传，苏州人骄傲得很，你看看我们苏州人，就是这样的，多么好说话，涕唾在脸上，随他自干了。

可能有许多人要跳起来了，要发怒了，要问一问了，难道我们苏州人，就是这么个孬种的形象，这么懦弱，严重缺钙，甚至连骨头也没有了？苏州就没有刚直的人？当然是有的，苏州的史书上有一段记载：弘治时，葑门外卖菱老人，性直好义，有余施济贫困，后与人争曲折不胜，自溺于灭渡桥河中。因为与人争，争不过人家，一气之下，投河自尽了。这般的刚烈，这般的激烈行为，使人怦然心动，为之肃穆，为之长叹。

只不过，这毕竟只是苏州人中的少数。正因为少，才显得可贵，显得重要，显得特别，所以，一个默默无闻的卖菱老人，上了史书。

宽容和宽厚，创造出宽松的环境来，苏州人在宽松环境中，节省了很多力气，也节省了很多时间，节省下来干什么呢？建设自己的家园。大家知道苏州美丽富饶，经济发达，可这美丽富饶和发达的经济不是天上掉下来的，也不是地里自己长出来的，是苏州人创造出来的，苏州人省下了与人争争吵吵生气打架的时间，辛勤劳动建设出一个繁荣的苏州。苏湖熟，天下足，这是说的苏州人种田种得好，农业富足，近炊香稻识江莲，桃花流水鳜鱼肥，夜市卖菱藕，春船载绮罗，这等等，是苏州的农民干出来的，当北方人在焐热坑头的时候，苏州的农民已经下地啦，从鸡叫做到鬼叫。苏州园林甲天下，苏州红栏三百桥，都是苏州人创造出来的，他们没有把精力和血汗浪费在无谓的争斗中，而是浇洒在土地上，使得苏州这块土地，越来越富饶，越来越肥沃。

苏州人细致的地方很多很多，但苏州的精细不是死板的，而是生动鲜活的。比如苏州的刺绣，要把一根头发丝般的丝线，还要劈成二分之一，四分之一，最要求细的，甚至要劈成六十四分之一。比如绣猫鼻子旁的胡须，当然是越细越好，越细越生动，苏州人讲究这一套，苏州人追求高超的艺术，苏绣于是闻名天下了，精美、细腻、雅致，大家说，苏绣是有生命的静物。

苏州是园林的苏州。园林的苏州，培养出了苏州人精致而又平淡的生活习俗。

苏州又是老宅的苏州。许许多多经典的老宅，遍布在苏州的城市和乡村；许许多多的苏州人，都是在苏州的老宅中成长起来。苏州的老宅，为我们提供了独特优越的读书氛围，潜心苦读和专心创造，苏州人永远不会迷失自己的精神家园。

苏州还有许多古老的小镇，它安详地浮在水面上，永远在流淌着，又永远地静止着。小镇上有一些深藏的古街，是清朝一条街，或者是明朝一条街，街面是用上等的青砖竖着砌成人字形，沿街有几家旧式的茶社，随便找一家进去，泡一壶茶喝，紫砂的茶壶，虽算不上什么极品上品，却也是十分的讲究，喝着茶，看着古街上经过不多的乡人，看他们的神情是悠然自在的，四周没有喧哗，没有吵闹，偶尔的蝉鸣鸡啼，有些世外桃源的意味。就这么坐着，看着，也许会奇怪这里的人怎么这么少呢，茶社的老板说，清早的时候，人是多的，现在都有事情忙去了。原来，在表面安静的背后，也有着一个忙碌的世界呢，那就是现代的、当代的苏州世界吧。

苏州是让我们走、让我们看的，更是让我们感悟的。感悟着苏州，我们为自己生于斯、长于斯而庆幸。

风雅苏州

曹正文

本文选自《新民晚报》2021年8月21日，作者有改动。

曹正文（1950— ），江苏苏州人，笔名米舒。文化学者，《新民晚报》高级编辑、专栏作家。1993年获上海市首届韬奋新闻奖。1997年应瑞典外交部邀请出席诺贝尔奖颁奖仪式。著有《金庸笔下的一百零八将》《书香迷离》《风雅苏州》等多部作品。

文章是挥洒开去写的，在千余字中，写出古城苏州的各个方面，又曲曲折折地追寻下去，探究其气质、风致、文化性格，大开大阖，了无凝滞。

全篇由俗谚"上有天堂，下有苏杭"入笔，将两地作了比较，为苏州定位，显现出其特点，作出总赞："灵秀四溢、包浆浓厚，让人目不暇接、流连忘返。"接下去，转换视角，由作者作自我陈述，说出自儿时到白头长久观照后的感悟："苏州之美，其实很怡然"，是平常之景，目接之物，是平淡之中洋溢出的。再回转过去历数苏州之美寄寓的种种物相、世相：从园林、文玩、刺绣以及其他工艺品，再写到普通人家有茶有酒，品花赏曲的寻常生活，结末扯回来归结到苏州文化的本质，以"风雅"二字名之，结穴点题。

作品的语言很美，颇见风雅，或骈或散，如写苏州人日常生活部分，自"听评弹、……闻花香"，连用了十四个"三字句"，吟起来，铿锵悦耳；看起来，目不暇接，宛如一阕小令。

上有天堂，下有苏杭，苏杭各有其美。

杭州美在国色天香、仪态万方，宛如一颗晶莹的绿宝石掉落在绰约多姿、美不胜收的西湖里，呈现富丽堂皇、花团锦簇、秀色可餐之美。

苏州美在小家碧玉、曼妙俏丽。老宅、古镇、小桥、流水、园林、牌坊……无一处不是灵秀四溢、包浆浓厚，让人目不暇接、流连忘返。

从儿时看苏州，到老来品苏州，明知其有千般旖旎、万种风情，却一时不知如何形容她的妙处：精致、秀媚、标致、文气、窈窕、袅娜……都有那么一点意思，却很难一言概括之。

静夜里，回味苏州这座弥漫着吴侬软语、姑苏乡音的小城，寻思良久，蓦地悟到苏州之美，其实很怡然：廊檐上的几声鸟啼，花窗中的一潭池水，墙洞内的摇曳红枫，院子里的雨声芭蕉，假山间的几块玲珑石，老巷深处的一座古老牌坊，茶馆店几只上了岁数的瓷碗，古戏台摆着一把三弦、一只琵琶，还有老井里吊上来的冰西瓜，陈旧台阶上的满目青苔。说是寻常之景，不浓艳、不妖娆、不矫情，但在平

拙政园远香堂

淡之中却洋溢着古雅之趣。

园林是苏州的一张名片。明清时有园林二三百座，今存近八十。中国四大古典园林，苏州占其之二：拙政园和留园。园林专家将沧浪亭、狮子林、拙政园与留园列为宋、元、明、清四个朝代私家园林的艺术造诣之典型。依我看来，苏州市内还有许多小园林别具风格，入园即依依不舍，如可园、鹤园、曲园、怡园、绣园、网师园与听枫园，每一座都小巧玲珑，风雅可赏，粉墙黛瓦，别具面目；亭台楼阁美不胜收；山石溪流，透逸灵气；曲径长廊，别有洞天；花影鸟啼，相互映衬。若想把苏州大大小小的园林饱赏一番，一个月是不够的。

苏州园林让人百看不厌，但苏州人手中把玩的物件，又何尝不是令人爱不释手。巧夺天工的苏绣以精细雅致夺人眼目，起于三国，盛于宋代，遂有滚绣坊、锦绣坊、绣花弄老巷，"户户刺绣"在苏州镇湖，至今不衰；苏雕以精致奇巧、玲珑剔透见胜，人物酷肖，眉目生情，《枫桥夜泊》二十八字刻在一根五厘米长的秀发上，叫人称绝；苏扇亦珍宝，檀香扇幽香袭人，名动中外，空眼里镂出的花卉飞禽栩栩如生，文人书画折扇，洋溢书卷气，更惊叹扇骨上的留青竹刻，呈清逸空灵之境。苏州的文玩之物，与苏州状元一样多得让人惊羡，从陆慕蟋蟀盆、桃花坞木刻年画、相城金砖、光福核雕、吴县砖刻到苏式鸟笼与苏式盆景，哪一件不是文人雅士的心中爱物？

苏州不仅有山有水，有桥有巷，有茶有酒，有琴有歌，还可以听评弹、看昆曲、提鸟笼、尝美食、玩盆景、观刺绣、盘手串、品玉雕、抚清琴、赏家具、把文玩、坐小亭、听鸟啼、闻花香；尤其是评弹昆曲的唱词，宛如唐诗宋词，在戏曲中一枝独秀。姑苏人说起话来文绉绉的，抬杠也叫外地人跷大拇指，"宁可听苏州人吵相骂"哉！

苏州这座古城起于春秋，历经沧桑，文脉厚重，经历代苏州人精心打造，自成一格：雅致与风韵，一言蔽之：风雅之城。

苏州风雅，不仅指其山水之美、园林之美、古镇之美，更有文化之雅、文玩之雅、文人之雅。风者，乃吴门烟水之绚丽清趣；雅者，乃苏州人心之温润灵秀。

风雅苏州，岂是浪得虚名？风雅二字，乃刻在苏州人的骨子里哉！

姑苏人家书生梦

曹正文

本文选自《劳动报》2022年9月18日，作者有改动。

文章系散文集《风雅苏州》的后记，可与前面的《风雅苏州》一文并读。

两文都是谈苏州的文化特质的，内容基本相近，不过所取的方向和追求的意旨有些不同，前者如在千人座中指点评说，目无下尘，切中腠理；后者如与三五知友品茗话旧，娓娓动情，理浃于情。

作者定居于沪上七十余载，而"在苏州度过的日子加起来不过五六年"，且多在并没有多少记忆的童年，但是苏州文化浸透到骨子里，一辈子"都依恋和仿照着苏州人的处世与风范"。

苏州文化的濡染，使得曹正文先生成了苏州式的"读书坯子"，成了藏书家、书评家。他在《新民晚报》上主持的"读书乐"专栏，至今仍常被读书人话起。在本文中他谈到了对自己影响甚大，也是《风雅苏州》一文中没有话及的藏书家、出版人毛晋和古典白话小说家冯梦龙。

本文的话语，一如《风雅苏州》精致灵动，细究起来，只是聚敛了一些。

光阴恍惚，不经意间在沪定居七十余载，算是个上海人哉。但朋友们说，我骨子里仍掩饰不了苏州人的习俗与印痕。

听母亲说，我出生仅两个月，就由父母抱着去了老家苏州。大约在我出生前一年，父母在观前街旁的临顿路上买了一幢三进老宅，位于萧家巷61号，是巷底最末一家，推门便是雪糕桥。东厢房的窗下是一条蜿蜒的小河，小河对岸是平江路，那时候的平江路静悄悄的不露声色，很古雅，很内向，既不张扬也不喧闹。

稚幼的心灵便在姑苏宁静的小屋中滋养长大。听妈说，当时她抱着我从巷尾走到巷口，正好听一曲悠扬悦耳的弹词开篇，那吴侬软语与评弹雅韵，耳濡目染了我最早对人世间的认知。后迁居沪上，几经沧桑沉浮，但印在心底的吴文化是抹不去的。我性格的形成与嗜好的偏向，乃至人生观确立，都脱不了姑苏情致对我童年的深深影响。

在我心目中，苏州是小桥流水的汇聚，是精致园林的组合，是古镇老街的缩影，是山清水秀的写照，是书画名家辈出的宝地，是读书人立志扬眉的所在。苏州园林甲天下，苏州状元冠全国，缘于苏州的老街、苏州的古镇、苏州的状元坊、苏州的文玩古迹与名人遗址遍布于吴地的角角落落。走几步，便是一座有来头的桥梁；再行几步，便是一幢名人故居。至于园林与古镇内的书画砖雕木刻，其文化底蕴更是让人看得眼花缭乱、赞叹不已。

精致玲珑的风景，粉墙黛瓦的小巷，悠扬迷离的音韵，温文尔雅的人物，让我对苏州欢喜不已，而印在心中却是那句老话："苏州人是读书坯子"。

　　苏州人喜欢读书，从古至今是出了名的。苏州的书画家不是匠人，而是胸中有学识，笔下有神韵的艺术大家。且不说苏州的张旭、沈石田、唐伯虎、祝枝山、文徵明、金圣叹。只说两位，一是毛晋，明代大藏书家，八万余册藏书冠江南之首。最有意思的是，他还是中国第一位私人刻书家，他见了好书，不惜重金买回去，或借来抄录，后来印了《十三经注疏》。二是冯梦龙，他是《三言》的编撰者，是中国古典白话短篇小说之集大成者。欧洲文坛知晓中国古典小说，第一个认识的人物便是冯梦龙（瑞典著名汉学家马悦然院士语）。冯梦龙一生撰写各类题材的文字无数，是位名副其实的文学杂家。

　　在七十多年生涯中，我在苏州度过的日子加起来不过五六年吧，但苏州像一杯清香的浓茶，又似一件珍奇的文玩，一旦捧起，总是心生缠绵，一辈子放不下来。而读书、写作、收藏乃至嗜好举止，我都依恋和仿照着苏州人的处世与风范。从少年、青年、中年至老年，都想着法子去苏州走走玩玩，随意之间便多了一分舒心，一分欣喜，一分慰藉。

　　回想苏州的生活，其实也平淡简朴到寻常，让我依恋的只是清晨老树上的几声鸟啼，窗外夕阳下一剪淡淡疏影，月下花间的一杯香茗，雨后粉墙的几处印痕，幽深小巷深处青石板上新绿苔藓，还有路边或悬或垂、或仰或俯的撩人小花。那种闲适，那种平易，那种优雅，那种从容，令吾着迷，令吾陶醉，令吾牵挂，令吾神往。

　　春秋城墙的余韵，秦汉小巷的典故，魏晋风物的钩沉，唐宋诗词的妩媚,明清书香的浓郁,民国街市的繁荣,构成了姑苏城特有的风韵与苏州人独有的气度。

我幸运成为姑苏人家的一介书生,虽不能与之朝夕相依为命,但无论身在何处何地,心中的"风雅苏州"却是一刻也忘不了的。

这便是一个书生的姑苏梦,我姑苏情怀中的一组迷人叠影,于是便撰写了这本《风雅苏州》,寄托了我珍爱苏州这座小城的深挚情怀。

◎ 人物艺风 ◎

苏 州 文 选 >>>

《范文正公文集》叙①

苏　轼

本文选自《苏东坡集》(商务印书馆1958年版)。

苏轼（1037—1101），宋代文学家。字子瞻，号东坡居士。北宋眉山（今属四川）人。仁宗嘉祐进士，曾任杭州、密州、徐州、湖州知州，翰林学士。著有《苏东坡集》。本文作于元祐四年（1089）四月。时苏轼即将离开汴京，赴杭州知州任所。

这篇序言写得很有特色。它先不评诗文，而是先赞颂作者的功德，倾吐自己的仰慕之情，这在文集序中是独具一格的。文章前半部分（1~3自然段）叙述自己八岁时就景仰范仲淹的功德；成年以后为其时和范同享"人杰"盛誉的韩、富、欧阳见知，又得与范公的三个儿子有交往，但就是无缘结识范公，从而进一步表达自己的敬意。此次得为范公文集作序，是偿了四十七年来的夙愿。后半部分（4~5自然段）以古代贤者为例，说范公所作皆出于天性。结尾引孔子"有德者必有言"一语,指出范仲淹的文章是他人格品德外发的结果。到这里才归结到文集之上,把写人论世和品文绾成一处。

庆历三年^②,轼始总角^③,入乡校^④。士有自京师来者,以鲁人石守道所作《庆历圣德诗》示乡先生^⑤。轼从旁窃观,则能诵习其词,问先生以所颂十一人者何人也?先生曰:"童子何用知之?"轼曰:"此天人^⑥也耶,则不敢知;若亦人耳,何为其不可?"先生奇轼言,尽以告之,且曰:"韩、范、富、欧阳,此四人者,人杰也。"时虽未尽了^⑦,则已私识之矣。

范仲淹纪念馆

嘉祐二年，始举进士，至京师，则范公殁，既葬，而墓碑出⑧，读之至流涕，曰："吾得其为人。"⑨盖十有五年，而不一见其面，岂非命欤！是岁登第，始见知于欧阳公，因公以识韩、富，皆以国士⑩待轼，曰："恨子不识范文正公。"其后三年，过许，始识公之仲子⑪今丞相尧夫。又六年，始见其叔⑫彝叟京师。又十一年，遂与其季⑬德孺同僚于徐。皆一见如旧，且以公遗稿见属为叙⑭。又十三年，乃克为之。

呜呼！公之功德，盖不待文而显，其文亦不待叙而传。然不敢辞者，自以八岁知敬爱公，今四十七年矣。彼三杰者，皆得从之游，而公独不识，以为平生之恨，若获挂名其文字中，以自托于门下士之末⑮，岂非畴昔⑯之愿也哉？

古之君子，如伊尹、太公、管仲、乐毅之流，其王霸之略，皆素定于畎亩⑰中，非仕而后学者也。淮阴侯见高帝于汉中，论刘、项短长，画取三秦⑱，如指诸掌⑲，及佐帝定天下，汉中之言，无一不酬者。诸葛孔明卧草庐中，与先主策曹操、孙权⑳，规取刘璋㉑，因蜀之资，以争天下，终身不易其言。此岂口传耳受，尝试为之，而侥幸其或成者哉？公在天圣中，居太夫人忧㉒，则已有忧天下致太平之意，故为万言书以遗宰相㉓，天下传诵。至用为将㉔，擢为执政㉕，考其平生所为，无出此书者㉖。

今其集二十卷，为诗赋二百六十八，为文一百六十五，其于仁义、礼乐、忠信、孝悌㉗，盖如饥渴之于饮食，欲须臾忘而不可得。如火之热，如水之湿，盖其天性有不得不然者，虽弄翰戏语，率然㉘而作，必归于此。故天下信其诚，争师尊之。孔子曰："有德者必有言。"非有言也，德之发于口者也。又曰："我战则克，祭则受福。"㉙

非能战也,德之见于怒者也。㉚

元祐四年四月十一日。

【注释】

① 范文正公:范仲淹(989—1052),字希文。祖籍邠州,后移居苏州吴县。谥文正,宋代名臣,文学家。"叙"同"序"。

② 庆历三年:公元1043年。庆历,宋仁宗的年号。

③ 总角:把头发束成小结。指童年时期。

④ 乡校:乡里的小学。

⑤ 鲁:山东。石守道:石介(1005—1045),字守道,兖州(今山东)人。庆历时,杜衍任枢密使,章得象、晏殊、贾昌朝、范仲淹、富弼、韩琦同时执政,欧阳修、王素、蔡襄等并为谏官,石介认为是盛事,作《庆历盛德诗》,歌颂这11人。

⑥ 天人:天上人。

⑦ 尽了:完全明白。了(liǎo):明白。

⑧ 墓碑出:墓碑的文字传出来。指欧阳修作的《资政殿学士户部侍郎文正范公神道碑铭》和富弼作的《墓志铭》。

⑨ 得其为人:得知他的为人。

⑩ 国士:一国才能出众的人。

⑪ 仲子:次子。

⑫ 叔:即"叔子",承上文"仲子",这里指第三子。

⑬ 季:季子,第四子。

⑭ 见属为叙:嘱咐我写序文。

⑮ 自托于门下士之末：把自己附托在范仲淹门生的末尾。托，寄托。门下士，门生。

⑯ 畴昔：往日。畴，助词，无义。

⑰ 畎亩：田间，指隐居的地方。

⑱ 三秦：项羽入关，曾三分秦关中之地。

⑲ 指诸掌：指之于掌上。比喻事情容易办。诸，"之于"合读。

⑳ 策曹操、孙权：谋划如何对付曹操、孙权的策略。策，策划。

㉑ 规取刘璋：计划攻取刘璋统辖的地区。刘璋时为益州刺史。

㉒ 居太夫人忧：处于母亲去世以后的服丧时期。忧，居父母丧。

㉓ 为万言书以遗宰相：指天圣五年（1027）范仲淹写的《上执政书》。

㉔ 至用为将：指仁宗时任陕西经略安抚副使。

㉕ 擢（zhuó）为执政：提升为参知政事（副宰相职）。

㉖ 无出此书者：没有不符合当年《上执政书》的内容。

㉗ 悌（tì）：敬重兄长。

㉘ 率然：随便，不加思索。

㉙ "我战"两句：我去战斗就能制胜，我祭祖先就能得到福佑。

㉚ "非能战也"两句：不是长于作战，而是道德表现为勇气。怒，奋发。

重修盘门双忠祠记

彭绍升

本文选自《续古文观止》(浙江古籍出版社2012年版)。

彭绍升(1740—1796),清代散文家。字允初,号尺木,江苏长洲(今江苏苏州)人。乾隆时进士,授知县不就。学问广博,留心当世掌故,善写传记、碑志。著有《二林居集》《一行居集》等。

《重修盘门双忠祠记》是一篇碑志。它追记了宋代建炎三年(1129)二月间,金兵进犯苏州,二勇士守城不克,壮烈牺牲的事。距离彭氏写记时,事情已过了六百多年,两位勇士的事迹均不可详考。作者从南宋积弱,君臣畏敌如虎,执行妥协投降政策的大背景入手,把两个普通将士与皇上以及负有守城责任的高官相比,显示出他们的义勇和报国之心。文章还以死难者姓名和事迹不留存于史志,而留传于民间,表述了对统治者和人民的不同感情。文章前半部分笔锋凌厉,后面谈及二勇士身后则用藏锋，很能表现作者在用世和礼佛不问世事之间徘徊的矛盾心态。

余观建炎之事，宋之不亡者幸耳。方金兵破扬州，于时高宗驻平江，去敌尚远，平江固可守也；蹙蹙焉去之临安，而越，而明，①不暇一夕息。已而敌破建康，道广德，趋临安，由越入明，纵掠海上而归。使其时平江诸将帅以劲旅遏其冲，俾只轮不反无难者，奈何兵不战而溃，城不攻而下，坐使五十万人并命于锋刃而莫之救？

相传金兵自盘门入，有二士者拒战于门外，一死于陈②，一死于水，而盘门破矣。呜呼！彼守城者，或则侍郎③，或则宣抚使④，非不显且要也，委而去之，若弃唾涕，而独遗二士者，以殉国之烈，此不可为发愤而深痛者哉！然自二士之死，里人神而祀之，迄今六百余年，而灵爽益著。

二士俱汴人，从高宗南渡，守平江。其一刘姓鼐名，盖死于陈者也；其一张姓鳌名，盖死于水者也。祠有明永乐中俞祯碑，以鼐为顺国明王，职天坛传奏司；以鳌为顺济龙王，职盘溪守御司。其封爵莫知何昉⑤，要其来也则远矣。

近者，祠久不修。里人釀⑥金千两，新其宇，既成，属予记。祠在盘门外灵岩乡，俗名双土地祠，余更之曰"双忠"。夫其忠也，乃其所以自神也。遂书而记之。

【注释】

① 越：越州，今绍兴一带；明：明州，今宁波一带。
② 陈：通"阵"。

③ 侍郎：官名，此指汤东野，原为工部侍郎，时任平江知府兼浙西制置使。

④ 宣抚使：官名，唐始置，宋不常置，有军旅大事，则令执政大臣为之。

⑤ 昉（fǎng）：开始。

⑥ 醵（jù）：凑（钱）。

沈 周

叶昌炽

本文选自《藏书纪事诗》(上海古籍出版社1989年版)。

叶昌炽(1849—1917),清代目录学家、藏书家。字鞠裳,号缘督庐主人。清末长洲(今江苏苏州)人。光绪十五年(1889)进士。任翰林院编修、侍讲、甘肃学政。通经史,精金石学、目录学。能诗文。著有《藏书纪事诗》《语石》《邠州石室录》《奇觚庼文集》等。另编有《寒山寺志》。

本文所写的沈周是明代重要画家,与其弟子文徵明、唐寅和仇英合称为明四家。世人都重视他的画艺,但对其为人和生平事迹注意得很不够。文章从沈周归还客人失书这一事件中写出了这位画家的雅量。这种雅量不止表现为把重金购来的书归于他人,也体现在他对客人读书认真仔细的态度的赏识上。因为书得到了知己,就不会有明珠暗投之憾。

叶昌炽编这本《藏书纪事诗》,是因为他爱书,进而想到历代许多藏书家的嘉行轶事常常被淹没，便从文献中梳爬出一些材料，以文系于己作之诗，得以"稍传文献之信"。本书选入时略去了叶氏的诗作。

《无声诗史》①：……。恒吉子周，字启南，号石田，人称石田先生。精于诵肄②，自《坟》《典》《丘》《索》③以及杂家言，无所不窥。尝以重直购古书一部，陈之斋阁④。一日客至，见而谛视之，问书所从得。先生曰："客何问也？"客曰："公幸无诧。书，吾书也，失之久矣，不意乃今见之。"先生曰："有验⑤乎？"曰："某卷某叶某尝书记某事，或者犹存乎。"先生发而视之，果验，即归之，终不言售者姓名，亦不谯何售者。

【注释】

① 《无声诗史》：清初姜绍书著，七卷。内容为明代画家传记。

② 诵肄（yì）：读书多而精。诵，诵读。肄，学习。

③ 坟典丘索：传说中的最古老的典籍。三坟、五典、八索、九丘，书不传。

④ 斋阁：书房。

⑤ 验：验证，证据。

鱼藏剑与一寸干将
——专诸巷人物志

秦兆基

本文选自《苏州记忆》（南京师范大学出版社2009年版）。

文章以苏州邻近阊门的一条民巷为背景，写出曾生活于此间的两位历史名人专诸、顾二娘的行传。专诸与顾氏身份各异，又生活在不同的历史时代，一为春秋之际的赳赳武夫、刺客，一为清初的闺阁中人、砚师；他们的建树也各不相同，一为改变吴国的历史走向，一为传承和发展苏州制砚工艺。但是作者找到了两人可以相通的地方，俱用刀具——鱼藏剑和一寸干将，进而探究了吴人文化基因的深层内质和性格的嬗变历程。

文章在背景交代中，写出小巷的历史流变，并从对人物际遇的书写中伸延开去，话及与其有关的事和人，如从专诸谈到其身后及历史评价，从顾二娘谈到闽地学人黄任、当代散文家张中行等，聚群英于小巷之内。全文以扎实的历史材料为基础，行文不支不蔓，转承自然。

专诸巷是西中市的一条支巷，往北去，一里多路，就可以走到金门。巷西就是原来的城墙，街巷傍城墙而建，很有点气势。巷里没有什么可称道的古建筑的留存，但是巷子的名气远播，为众多的典籍所话及。这大概因为巷子与两个历史名人有关。其中一位声名显赫，为绝大多数苏州人和许多熟悉一点历史的中国人所了解，那就是以匕首刺王僚，改写了吴国历史的专诸；另一位就是仅在少数文人圈子里话及，被称为"砚神"的顾二娘。

历史总是喜欢和人开玩笑。这两个同在专诸巷里人，反差竟然如此之大。专诸是堂邑（今南京六合）人，客居在苏州，就住在专诸巷，死后也葬在专诸巷。据民国《吴县志》引《乾隆县志》"专诸宅在阊门内专诸巷，今为石塔庙"。巷就是因其住宅和坟墓而得名的。专诸是赳赳武夫，以一搏获得其人生价值，用的是鱼藏剑；顾二娘弱不胜衣，以刻砚奉老养亲，用的是"一寸干将"。

解构主义的历史研究也许会从比较中发现他们的相似点和承袭关系。专诸与顾二娘的行为差异，曲折地反映了吴地民风从轻死易发、争勇好斗嬗变为风流儒雅、彬彬有礼的过程；吴人的专长也实现了从以兵刃打造见长到以攻玉、琢砚为工的演变；或者还可以加一条，就是以占据历史舞台中心的男性逐渐让步给女性。但是其核心价值观并没有改变，专诸和顾二娘都有其相同的一面：两人用的都是刀，所要征服的对象都是坚硬的——犀甲和端溪石，这点表现出吴人骨子里的刚强，虽经两千年的历史风霜并没有消退，不过扮演者由壮士化身为红颜而已。

  专诸的故事，《史记》和《吴越春秋》都有记载。将两本史书的记载相比较，《吴越春秋》写得更为详细，更富有戏剧性，也添入了不少细节描写。书中最有意思的一段，就是伍子胥从楚国逃亡到吴国的途中发现专诸才能的故事。"专诸方与人斗，将就敌，其怒有万人之气，甚不可当。其妻一呼即还。"伍子胥当时感到很奇怪，这样一个男子汉，怎么如此怕老婆，于是就去问他是什么道理。不意专诸的一番回答，使伍子胥觉得此人很不寻常。"夫屈一人之下者，必伸万人之上"，就是说，臣服于一个人，对一个人效忠，必定能够舒展于万人之上。伍子胥觉得这话很有道理，打量了一下他的身躯、体型，

专诸巷

觉得此人可以作为一个人才储备，记在心里。不过《史记》中没有这样的记载，材料的来源有点可疑，也经不住推敲。

如果他后来打算有所作为，妻子一声怒吼不就会放弃了吗？老婆也许比君王更有权威。

不管这段故事真实与否，专诸总是由伍子胥推荐给公子姬光的。此时公子姬光正酝酿用阴谋手段夺取君位，缺少一个刺客，见到专诸，可谓正中下怀。他礼贤下士，厚待专诸。在一次推心置腹的谈话以后，找到刺杀王僚的突破口。专诸在了解到王僚喜欢吃烤鱼之后，就到太湖边上去学烤鱼，如今苏州胥口镇有座炙鱼桥相传就是专诸学艺的地方。一次，姬光就以品尝专诸厨艺为名宴请王僚，事先策划好，"使专诸置鱼肠剑炙鱼中进之"，宴会上，鱼盘进献到王僚面前，专诸用手掰开了烤鱼，接着就拿了匕首向前刺去，站着的侍卫手中拿交错着横刃的长戟刺到了专诸的胸膛上，专诸的胸骨断了，胸膛刺开了，但是匕首还是像原来那样刺向王僚，穿透了王僚的铠甲直刺到背脊上，王僚立刻死了，专诸也成了王僚卫士的刀下之鬼。这场宫廷政变以后，姬光即位，就成了吴王阖闾。他厚葬了专诸，并封其子为上卿。相形之下，王僚执政以后，没有太大的作为，而阖闾为一代雄主，对吴国的隆兴作出了巨大的贡献。从这个意义上看，专诸的死也许是"重于泰山"的。

专诸刺王僚的一段，读起来确实惊心动魄，无怪乎《战国策》中唐雎说："夫专诸之刺王僚也，彗星袭月"，以天象来说人事，写出了这个吴国汉子的胆魄和气势。《史记·刺客列传》把他放在五大刺客之列，在篇末的赞语中说："自曹沫至荆轲五人，此其义或成或不成，然其立意较然，不欺其志，名垂后世，岂妄也哉！"就是说，从曹沫到荆轲五个人，他们的侠义之举有的成功，有的不成功，但他们的志向意图都很清楚明朗，都没有违背自己的良心，名声流传到后代，这难道是虚妄的吗！

对于专诸和众多的刺客们，南朝梁代文人江淹《恨赋》中有一段描述，写了他们赴死前与亲人告别时的情景，"乃有剑客惭恩，少年报士。韩国赵厕，吴宫燕市。割慈忍爱，离邦去里。沥泣共决，抆血相视。驱征马而不顾，见行尘之四起"。还曲写出这类人心理的深层活动，"方衔恩于一剑，非买价于泉里"。前面一组句子中，"韩国赵厕，吴宫燕市"，分别指聂政、豫让、专诸和荆轲四大刺客，他们是死士，但也有生的留恋，也有骨肉亲情。他们要用一剑来感恩报德，并不是为死后声名的昭彰。这些刺客的人生追求仅止于感恩图报而已，似乎和司马迁唱了点反调。

千古但留侠骨香，似乎也是一句空话。专诸墓在明代万历年间还在，清人张霞房追记了毁墓后文物出土的情况，"明万历年间，阊门内专诸墓坏，居民起出石幢一座，高仅三尺许，四面刻毗卢遮那像，三面并作思忆相，一面撒手，不知何代物也。今归寒山。"（《红兰逸乘》）。专诸墓里藏佛像，看来墓早已被人动过了。此后，专诸的宅、墓均无迹可寻。

随着苏州经济的发展，处于金阊两门之间的专诸巷成了一条手艺街，明清时攻玉与治砚的艺人云集于此，清末民初，转而化为眼镜店的专业市场，极盛时有眼镜店二十多家。旧时苏州有两句歇后语："专诸巷配眼镜——各人眼光不同""专诸巷配眼镜——对光"。在众多手工艺人中最值得称道的，无过于前面述及的砚神顾二娘。

砚台与笔、墨、纸共称为文房四宝。砚用于研墨，盛放磨好的墨汁和揉笔。汉代刘熙《释名》中解释："砚者，研也，可研墨使之濡也"。砚台由于其性质坚固，传百世而不朽，被历代文人作为珍玩藏品之选。随着工艺的发展和文人审美要求的变化，砚台早已不是单纯的文具，而成了集雕刻、绘画于一身的精美工艺品。宋朝权臣、书法家蔡襄有诗赞砚："相如闻道还持去，肯要秦人十五城"，把名砚与价值连城的和氏璧相提并论，可以想见这砚的身价。

顾二娘砚是砚中极品，传世的相当稀少，文人墨客极为珍视。清代大臣高江村收藏了一千余方砚台，而在皇宫里值班准备撰写诏书，每次都只带一方顾二娘砚。退居林下以后，他在砚背刻铭，曰："丁巳、己巳，凡十三年。夙夜内直，与尔周旋。润色诏敕，诠注简编。行踪聚散，岁月五迁。直庐再入，仍列案前。请养柘上，携旧林泉。勋华丹扆，劳勚绸缪。惟尔之功，勒铭永传。"当代艺术家许姬传先生，曾经担任过梅兰芳先生的秘书并帮助其整理《舞台生活四十年》，藏有三十多方古砚，其中有四方最名贵，因自号其书斋为"四砚斋"，四砚中最名贵的一方就是顾二娘刻的菌砚。当代散文家张中行先生，在苏州小作勾留时，徘徊于专诸巷间。他在《姑苏半月》一文中写道：

> 我没有能力和机缘得（真）顾二娘制砚，可是临渊羡鱼，路过顾二娘故居，纵使不能确认门巷依然，也总愿意东瞧瞧，西看看，得其仿佛。总之，就算作慰情聊胜无吧，我还是由北口走入，到南口，向后转，回到北口，往返都慢走，注视两旁的人家，心里想，虽然不能指实，顾二娘的旧住地总是留在眼中了。

为什么一方砚台能使无数须眉尽折腰呢？下面就将这位女匠师作较详细的介绍。顾二娘，亦称顾青娘，疑其名"青"。娘家姓邹。苏州人。生卒年不详，约活动于清雍正至乾隆之际。顾家世代以刻砚为业，她的公公顾德麟是姑苏城里有名的制砚高手，他将琢砚的技艺传给了儿子顾启明，就是顾二娘的丈夫。顾二娘那时只能在家刺绣做点家务活，可是顾启明不幸早逝，为了撑立门户，顾德麟已年老力衰，只好让儿媳抛头露面，于是顾二娘走向了前台。

中国的手工艺，历来是传媳不传女的，顾德麟向儿子传习技艺时并不故意回避顾二娘。他看到媳妇聪慧，有时还听听她的意见。在这种环境之中，耳濡目染，顾二娘对于制砚的美学规范和操作要领，有了大体的了解。说不定在丈夫的指点下也曾小试身手。

顾二娘如今正式得到顾德麟的指点，她心灵手巧，很快掌握了制砚的操作技能，第一件独立完成的砚台放在案桌上，让顾德麟看呆了，以后治砚的事连同整个店铺完全交给了顾二娘。顾二娘名气远播，声誉远在当时苏州的一些砚师之上。

顾二娘琢砚有着自己的理论，但流传下来的不多，归结起来，主要的一点为："砚为一石琢成，必圆活而肥润，方见镌琢之妙。若呆板瘦硬，乃石之本来面目，琢磨何为？"就是说要使自己所制的砚品通体圆活。她制砚不多雕琢，以清新质朴取胜。有时虽也镂剔精细，然而也秋纤合度。出于女性的艺术灵感，她喜欢利用上好端石多活眼的特点，以石纹的"眼"作为凤尾翎来构图，别出心裁。她自己承认，琢砚"效明代铸造宣德香炉之意"，以期达到古雅而华美的境地。顾二娘很善于鉴别砚料，据说她对砚料的优劣，只要用小脚踢一下就能弄明白了。有词述及这件事："玉指金莲为底忙？……墨花犹带粉花香。"

顾二娘虽是闺阁中人，但是识大体，重大局，很有点侠气。她与黄任的交往，被传为砚林佳话。

黄任（1683—1768），字干莘，又字莘田，福建永福（今永泰）人，出身于书香之家。幼承家学，诗、书、画兼长，尤工诗。他嗜砚如命，为著名的藏砚家。曾任广东四会县令兼高要县事务，后为他人诬陷而去职。离职时，他以全部积蓄两千两银子购得老坑端石多片。归田后，因仰慕顾二娘才艺，他不远千里，携石来苏州，请顾氏为其琢砚。顾二娘感其诚意，又发现砚料绝佳，于是为黄任精心雕砚。黄任《香草斋诗》记青花砚一事，云及"余此石出入怀袖将十年，今春携入吴，吴门顾二娘见而悦焉，为制斯砚"。在砚背，黄任亲自运刀镌刻铭文，铭曰："出匣剑，光芒射人；青花砚，文章有神。与君交，如饮醇；纪君寿，如千春。"从砚铭中，可以看出黄任对顾二娘的技艺和人品推崇备至。

为了感谢顾氏的深情，他还写了一首诗《赠顾二娘》，诗云："一寸干将切紫泥，专诸门巷日初西。如何轧轧鸣机手，割遍端州十里溪。"

黄任可算是顾二娘琢砚生涯里最大的客户。顾二娘操业前后20余年，但"生平所制砚不及百方"。北京故宫博物院内藏"洞天一品"砚，为椭圆形，上部有长方形的墨池，中部为砚堂，砚池的四周刻有夔龙盘绕纹图，砚池一侧刻有"吴门顾二娘造"篆字款。据考证，此砚确系顾二娘为黄莘田所做的之一。

黄任可算是顾二娘难得的知己，顾二娘逝世以后，他非常感伤，写了一首诗，寄托自己的哀思。诗云："古款遗凹积墨香，纤纤女手带干将。谁倾几滴梨花泪，一洒泉台顾二娘。"

黄任的两首诗中都把顾二娘治砚的刀具比作"干将"，在砚铭之中，说"出匣剑，光芒射人"，他极为赏识顾二娘这位巾帼而丈夫的侠士。

专诸巷，作为手工艺作坊密集的场合的时代不再了，玉器铺、琢砚坊不再了，连眼镜店也不再了。专诸巷几乎是纯一的民巷，间或有一两家理发店、烟杂店，但是巷名及其历史所包蕴的，仍会久久昭示于人。

我所见的叶圣陶

朱自清

本文选自《朱自清全集》第一卷(江苏教育出版社1988年版)。

朱自清(1898—1948),散文家、诗人、学者。字佩弦。江苏扬州人。早年曾在杭州、扬州和上海一带中学任教,后任清华大学、西南联大教授。抗日战争胜利后,清华大学复校,迁回北平,任中文系主任。著作大多收入《朱自清全集》。

《我所见的叶圣陶》是作者于20世纪30年代初所作,回忆自己近十年来与叶圣陶相识和交往的过程。对叶氏的了解和感情的加深,是随着时间推移的。文章以时间为经线,通过描写一段段时间内的事,表现出人物的一个个方面。逐段写下来,由表及里,由一点到方方面面,勾出了叶圣陶全人。朱自清长于写人,对叶圣陶"和易"的处世态度出于天性的评述,可谓确论。此外,对其交友处世、恋家以及种种习惯的描写,颇为细致、传神。

我第一次与圣陶见面是在民国十年的秋天。那时刘延陵兄介绍我到吴淞炮台湾中国公学教书。到了那边,他就和我说:"叶圣陶也在这儿。"我们都念过圣陶的小说,所以他这样告我。我好奇地问道:"怎样一个人?"出乎我的意外,他回答我:"一位老先生哩。"但是延陵和我去访问圣陶的时候,我觉得他的年纪并不老,只那朴实的服色和沉默的风度与我们平日所想象的苏州少年文人叶圣陶不甚符合罢了。

记得见面的那一天是一个阴天。我见了生人照例说不出话;圣陶似乎也如此。我们只谈了几句关于作品的泛泛的意见,便告辞了。延陵告诉我每星期六圣陶总回用直去;他很爱他的家。他在校时常邀延陵出去散步;我因与他不熟,只独自坐在屋里。不久,中国公学忽然起了风潮。我向延陵说起一个强硬的办法;——实在是一个笨而无聊的办法!——我说只怕叶圣陶未必赞成。但是出乎我的意外,他居然赞成了!后来细想他许是有意优容我们吧;这真是老大哥的态度呢。我们的办法天然是失败了,风潮延宕下去;于是大家都住到上海来。我和圣陶差不多天天见面;同时又认识了西谛,予同[①]诸兄。这样经过了一个月;这一个月实在是我的很好的日子。

我看出圣陶始终是个寡言的人。大家聚谈的时候,他总是坐在那里听着。他却并不是喜欢孤独,他似乎老是那么有味地听着。至于与人独对的时候,自然多少要说些话;但辩论是不来的。他觉得辩论要开始了,往往微笑着说:"这个弄不大清楚了。"这样就过去了。他又是个极和易的人,轻易看不见他的怒色。他辛辛苦苦保存着的《晨报》副张,上面有他自己的文字的,特地从家里捎来给我看;让我随便放在一个书架上,给散失了。当他和我同时发现这件事时,他只略

叶圣陶故居

露惋惜的颜色,随即说:"由他去末哉,由他去末哉!"我是至今惭愧着,因为我知道他作文是不留稿的。他的和易出于天性,并非阅历世故,矫揉造作而成。他对于世间妥协的精神是极厌恨的。在这一月中,我看见他发过一次怒;——始终我只看见他发过这一次怒——那便是对于风潮的妥协论者的蔑视。

风潮结束了,我到杭州教书。那边学校当局要我约圣陶去。圣陶来信说:"我们要痛痛快快游西湖,不管这是冬天。"他来了,教我上车站去接。我知道他到了车站这一类地方,是会觉得寂寞的。他的家实在太好了,他的衣着,一向都是家里管。我常想,他好像一个小孩子;像小孩子的天真,也像小孩子的离不开家里人。必须离开家里人时,他也得找些熟朋友伴着;孤独在他简直是有些可怕的。所以他到校时,本来是独住一屋的,却愿意将那间屋做我们两人的卧室,而将我那间做书室。这样可以常常相伴;我自然也乐意。我们不时到西湖边去;有时下湖,有时只喝喝酒。在校时各据一桌,我只预备功课,他却老是写小说和童话。初到时,学校当局来看过他。第二天,我问他,"要不要去看看他们?"他皱眉道:"一定要去么?等一天吧。"后来始终没有去。他是最反对形式主义的。

那时他小说的材料,是旧日的储积;童话的材料有时却是片刻的感兴。如《稻草人》中《大喉咙》一篇便是。那天早上,我们都醒在床上,听见工厂的汽笛;他便说:"今天又有一篇了,我已经想好了,来的真快呵。"那篇的艺术很巧,谁想他只是片刻的构思呢!他写文字时,往往拈笔伸纸,便手不停挥地写下去;开始及中间,停笔踌躇时绝少。他的稿子极清楚,每页至多只有三五个涂改的字。他说他从来是这样的。每篇写毕,我自然先睹为快;他往往称述结尾的适宜,他说对于结尾是有些把握的。看完，他立即封寄《小说月报》；照例用平信寄。我总劝他挂号；但他说："我老是这样的。"他在杭州不过两个月，写的真不少，教人羡慕不已。《火灾》里从《饭》起到《风潮》这七篇，还有《稻草人》中一部分，都是那时我亲眼看他写的。

在杭州待了两个月，放寒假前，他便匆匆地回去了；他实在离不开家，临去时让我告诉学校当局，无论如何不回来了。但他却到北平住了半年，也是朋友拉去的。我前些日子偶翻十一年的《晨报副刊》，看见他那时途中思家的小诗，重念了两遍，觉得怪有意思。北平回去不久，便入了商务印书馆编译部，家也搬到上海。从此在上海待下去，直到现在——中间又被朋友拉到福州一次，有一篇《将离》抒写那回的别恨，是缠绵悱恻的文字。这些日子，我在浙江乱跑，有时到上海小住，他常请了假和我各处玩儿或喝酒。有一回，我便住在他家，但我到上海，总爱出门，因此他老说没有能畅谈；他写信给我，老说这回来要畅谈几天才行。

十六年一月，我接眷北来，路过上海，许多熟朋友和我饯行，圣陶也在。那晚我们痛快地喝酒，发议论；他是照例地默着。酒喝完了，又去乱走，他也跟着。到了一处，朋友们和他开了个小玩笑；他脸上略露窘意，但仍微笑地默着。圣陶不是个浪漫的人，在一种意义上，他正是延陵所说的"老先生"。但他能了解别人，能谅解别人，他自己也能"作达"，所以仍然——也许格外——是可亲的。那晚快夜半了，走过爱多亚路，他向我诵周美成的词，"酒已都醒，如何消夜永！"我没有说什么；那时的心情，大约也不能说什么的。我们到一品香又消磨了半夜。这一回特别对不起圣陶；他是不能少睡觉的人。他家虽住在上海，而起居还依着乡居的日子；早七点起，晚九点睡。有一回我九点十分去,他家已熄了灯,关好门了。这种自然的,有秩序的生活是对的。那晚上伯祥说:"圣兄明天要不舒服了。"想起来真是不知要怎样感谢才好。

第二天我便上船走了,一眨眼三年半,没有上南方去。信也很少,却全是我的懒。我只能从圣陶的小说里看出他心境的迁变;这个我要留在另一文中说。圣陶这几年里似乎到十字街头走过一趟,但现在怎么样呢?我却不甚了然。他从前晚饭时总喝点酒,"以半醺为度";近来不大能喝酒了,却学了吹笛——前些日子说已会一出《八阳》,现在该又会了别的了吧。他本来喜欢看看电影,现在又喜欢听听昆曲了。但这些都不是"厌世",如或人所说的;圣陶是不会厌世的,我知道。又,他虽会喝酒,加上吹笛,却不会抽什么"上等的纸烟",也不曾住过什么"小小别墅",如或人所想的,这个我也知道。

一九三〇年七月,北平清华园。

【注释】

① 西谛、予同:西谛,郑振铎字。郑振铎(1898—1958)作家、学者、社会活动家。祖籍福建长乐,生于浙江温州。著作大多收于《郑振铎全集》。予同,即周予同(1898—1981),中国经学史家。浙江瑞安人,著有《经今古文学》《中国学校制度》等。

说　书

叶圣陶

本文选自《叶圣陶集》第五卷（江苏教育出版社 1988 年版）。

《说书》是作者应陈望道之请向青少年介绍苏州评弹的文章。苏州评弹是苏州文化的重要组成部分，是吴语文学，特别是吴语口头文学的结晶。要说清楚这方面的内容，势必涉及历史渊源、类别、流派、内容、表演程式和影响等问题，不容易讲得有趣动听。

叶氏这篇文章，从童年时代自己随父亲"听书"写起，一下子就揭示出苏州说书迷人的魅力。接下去用分类说明、比较说明和举例说明的方法，讲了"大书"（苏州评话）和"小书"（苏州评弹）的区别，小书唱词的用韵、曲调，两者表演方式的区别。再合起来，谈大书和小书的一些带有共同性的问题，如"表"和"白"、穿插、传播方式和书的思想内容等。

文章在条分缕析之中，穿插了一些对自己听书时的印象和感受的生动描述，使读者有身临其境之感。

因为我是苏州人，望道先生要我谈谈苏州的说书。我从七八岁的时候起，私塾里放了学，常常跟着父亲去"听书"。到十三岁进了学校才间断。这几年间听的"书"真不少，"小书"如《珍珠塔》《描金凤》《三笑》《文武香球》，"大书"如《三国志》《水浒》《英烈》《金台传》，都不止听一遍，最多的听到三遍四遍。但是现在差不多忘记干净了，不要说"书"里的情节，就是几个主要人物的姓名也说不齐全了。

"小书"说的是才子佳人，"大书"说的是历史故事跟江湖好汉，这是大概的区别。"小书"在表白里夹着唱词，唱的时候说书人弹着三弦；如果是双档（两个人登台），另外一个就弹琵琶或者打铜丝琴。"大书"没有唱词，完全是表白。说"大书"的那把黑纸扇比较说"小书"的更为有用，几乎是一切"道具"的代替品，诸葛亮不离手的鹅毛扇，赵子龙手里的长枪，李逵手里的板斧，胡大海手托的千斤石，都是那把黑纸扇。

说"小书"的唱唱词据说是依"中州韵"的，实际上十之八九是方音，往往ㄣㄥ不分①，"真""庚"同韵②。唱的调子有两派：一派叫"马调"，一派叫"俞调"。"马调"质朴，"俞调"婉转。"马调"容易听清楚，"俞调"抑扬太多，唱得不好，把字音变了，就听不明白。"俞调"又比较是女性的，说书的如果是中年以上的人，勉强逼紧了喉咙，发出撕裂似的声音来，真叫人坐立不安，浑身肉麻。

"小书"要说得细腻。《珍珠塔》里的陈翠娥见母亲势利，冷待远道来访的穷表弟方卿，私自把珍珠塔当作干点心送走了他。后来忽听得方卿来了，是个唱"道情"的穷道士打扮，要求见她。她料知其中必有蹊跷，下楼去见他呢还是不见他，踌躇再四，于是下了几级楼梯就回上去，上去了又走下几级来，这样上上下下有好多回，一回有一回的想头。这段情节在名手有好几天可以说。其时听众都异常兴奋，彼此猜测，有的说"今天陈小姐总该下楼梯了"，有的说"我看明天还得回上去呢"。

"大书"比较"小书"尤其着重表演。说书人坐在椅子上，前面是一张半桌，偶然站起来，也不很容易回旋，可是像演员上了戏台一样，交战，打擂台，都要把双方的姿态做给人家看。据内行家的意见，这些动作要做得沉着老到，一丝不乱，才是真功夫。说到这等情节自然很吃力，所以这等情节也就是"大书"的关子。譬如听《水浒》，前十天半个月就传说"明天该是景阳冈打虎了"，但是过了十天半个月，还只说到武松醉醺醺跑上冈子去。

说"大书"的又有一声"咆头"，算是了不得的"力作"。那是非常之长的喊叫，舌头打着滚，声音从阔大转到尖锐，又从尖锐转到奔放，有本领的喊起来，大概占到一两分钟的时间：算是勇夫发威时候的吼声。张飞喝断灞陵桥就是这么一声"咆头"。听众听到了"咆头"，散出书场来还觉得津津有味。

无论"小书"和"大书"，说起来都有"表"跟"白"的分别。"表"是用说书人的口气叙述；"白"是说书人说书中人的话。所以"表"的部分只是说书人自己的声口，而"白"的部分必须起角色，生旦净丑，男女老少，各如书中人的身份。起角色的时候，大概贴旦丑角之类仍用苏白，正角色就得说"中州韵"，那就是"苏州人说官话"了。

说书并不专说书中的事，往往在可以旁生枝节的地方加入许多"穿插"。"穿插"的来源无非《笑林广记》之类，能够自出心裁的编排一两个"穿插"的当然是能手了。关于性的笑话最受听众欢迎,所以这类"穿插"差不多每回可以听到。最后的警句说了出来之后,满场听众个个哈哈大笑,一时合不拢嘴来。

书场设在茶馆里。除了苏州城里,各乡镇的茶馆也有书场。也不止苏州一地,大概整个吴方言区域全是这批说书人的说教地。直到如今还是如此。听众是士绅以及商人,以及小部分的工人农民。从前女人不上茶馆听书,现在可不同了。听书的人在书场里欣赏说书人的艺术,同时得到种种的人生经验:公子小姐的恋爱方式,吴用式的阴谋诡计,君师主义的社会观,因果报应的伦理观,江湖好汉的大块分金,大碗吃肉,超自然力的宰制人间,无法抵抗……也说不尽这许多,总之,那些人生经验是非现代的。

现在,书场又设到无线电播音室里去了。听众不用上茶馆,只要旋转那"开关",就可以听到叮叮咚咚的弦索声或者海瑞、华太师等人的一声长嗽。非现代的人生经验利用了现代的利器来传播,这真是时代的讽刺。

一九三四年十月五日发表

【注释】

① ㄅㄥ不分:疑误。ㄅ(b),ㄥ注音字母中无此符号,疑为ㄌ(l)与ㄋ(n)之误。ㄌ为舌边音,ㄋ为鼻音,吴语中不分。

② "真""庚"同韵:"平水韵"中,上平十一"真",下平八"庚",分属不同韵部。

念振华母校

费孝通

本文选自《逝者如斯——费孝通杂文选集》(苏州大学出版社 1993 年版)。

费孝通(1910—2005),人类学家、民俗学家、社会学家,中国社会学和人类学奠基人之一。江苏吴江(今属苏州)人。早年曾就读于苏州振华女校。社会学和人类学论著有《江村经济》《乡土中国》《中国士绅》《三访江村》等,散文集有《逝者如斯——费孝通杂文选集》《芳草天涯——费孝通外访杂文选集》等。

《念振华母校》是费孝通的一篇忆旧之作。题目上虽然标明是回忆母校,实际上是写振华女校校长、女教育家王季玉的人格精神。作者从意大利作家亚米契斯著名的教育小说《爱的教育》说起,叙说自己原先闹不明白为什么特别喜欢这本书,30 多年后,重返童年时的母校,才恍然大悟,原来王季玉先生所身体力行的,就是《爱的教育》所深蕴的思想。

这样，就把书与人以及学校联系起来了，王季玉的所想所言所行以及应当如何评价，都不言自明了。

所述的有关王季玉的三件事，虽然琐细了些，但都是揭示人物精神世界的，且从孩子天真无邪的眼光来看，保持了原汁原味，让我们看到一个留存在学生心中的教师形象。

去年晚秋，五访江村，返京途中，经苏州故里，走访母校振华女校。我1920年以男生入女校有四年，距今已六十多年矣。当年的师长俱已下世，在苏老同学尚能聚首一堂者也只有六七人。欢忆童年往事，纵谈难已。此情此景，一如定盦诗句："一种春声忘不得，长安放学夜归时。"将散，朱援青同志拿出1982年1月18日手抄我1957年春，反右前夕，过苏谒见老校长王季玉先生后为纪念母校四十周年所写的小文，篇名《爱的教育》。展页重温，感慨倍深。近苏州报社来函，为编《我与苏州》一栏征文。抄旧作相应，并志经过如下。

每逢有人问起我最喜欢读的是什么书时，我总是毫不犹豫地回答：《爱的教育》。有时我也自觉奇怪，为什么这本书对我会这样亲切？当我经了多年远别，重返苏州，踏进母校的校门时，这问题的答案蓦然来到心头。这书里所流露的人情，原来本是我早年身受的日常经验。难怪我一翻开这本书，一字一行，语语乡音那样熟悉。我又怎能不偏爱这本读物？

三十五年前，我和几个小朋友在操场角落里，浪木旁的空地上闲谈。那时振华校址还在严衙前。住宅改成的校舍里，孩子们下了课，只有这一角空地可供他们奔跑或闲坐。这些孩子们中间有人拍着胸脯大声说："我长大了要做一番惊天动地的事业，我不喜欢张良，项羽才是英雄。"

"我不稀罕这些，我要发明个飞机，一直飞到月亮上去探险。"

另外一个孩子却说："我想做个像三先生这样的人。"（我们那时称王季玉先生为三先生。）

有人接口："教孩子们书，我不干，有什么意思。"

"可是三先生为什么不去发明飞机，不去做项羽和张良，而天天给我们上课呢？她留学回来，就在这里看着我们这些孩子们拼生字，你真的愿意她离开我们么？"

没有再说话了。的确，谁也不能想象三先生会离开我们这些孩子的。我们要她看我们拼拼音，不愿她去月亮上探险。我们当时谁也说不出为什么。虽则我至今还不敢说应当怎样去衡量人生的价值，我每想到王季玉先生时，心头总是感到读《爱的教育》时的温暖。

苏州的冬天是冷冽的，在艰苦中撑住的学校，当然更不会有保温的设备。孩子们穿得像泥菩萨般供在课桌旁，有太阳时晒太阳，没有太阳时捧着手炉取暖。

"拜拜天，今天不要上黑板罢。"孩子们在私语。

果然，三先生没有叫我们上黑板，她自己在黑板上抄字给我们读。这天的字可写得特别大，而且没有往日整齐了。再看时，三先生的手肿得像一只新鲜的佛手。

"三姨每天早上自己洗衣服，弄得这一手冻疮。"她的侄女偷偷地和我说，话里似乎责备这位老师不知自惜。我听着也觉得这是大可不必的。第一是不必大清早在冷水里洗衣服。第二是既洗了衣服，生了冻疮，又大可不必在黑板上写字。我是知道生了冻疮的手提起来在黑板上写字时的痛劲的。学生们袖着手，老师却忙着抄黑板，这又何苦呢?

那天放学,她的侄女和我一路回家,又告诉我说:"人家请三姨到上海去做事,她不肯去。"

"去了上海,不是可以不必自己洗衣服了么?"我还没有忘记那只生冻疮的手。

"可是三姨不肯去。"她侄女又加重地说了一句。

三先生在孩子们心目中总是个不大容易了解的老师。我们那时不知怎么的想要出一张壁报。我们去告诉三先生,三先生点点头,在书架里拿出了一叠纸给我们。大家觉得有一点喜出望外,因为三先生是从来没有允许我们浪费过一张纸的。

壁报贴在小学部进门处的走廊里,走廊相当窄。我们那时通行着

振华女学校旧影

一种"捉逃犯"的游戏,一个人逃一个人追。我有一次正当着"逃犯",一直从操场那边冲进走廊,想绕进小学部回窠。这一冲却正冲在站在走廊转角处看我们壁报的三先生的怀里。我站住了,知道闯了大祸。可是在我面前却并不是一张责备我的脸,而是一堆笑容:"孝通,你也能做诗,很好。"她拍着我的小肩膀。"留心些,不要冲在墙上。"我笑了一笑,一溜烟地跑了。一直到这次又回到母校里,看见季玉先生的笑容时,才重又想起了这一段往事。三十五年了,时间似乎这样短,还是这个笑容,还是这个孩子。

振华是四十年了,我离开振华已经三十多年了,其间又经过了抗战的八年。原已经成长的振华,经此打击、破坏,也似乎停顿了一期。但是我再来时,季玉先生却还是三十多年前的三先生。她伸着手拉住我说:"孝通,你还是这样。"我也说:"季玉先生,你也还是这样。"她笑了,笑里流露出了她的愉快,笑里也告诉我三十五年前所不能了解的一切。我明白为什么我爱读《爱的教育》了。

1983 年 10 月

《吴歌甲集》序

胡 适

本文选自《胡适文存三集》(上海亚东图书馆1930年版)。

胡适(1891—1962),学者、文学家、思想家。"五四"新文化运动领军人物之一。原名洪骍,字适之。安徽绩溪人。他对哲学、历史学、文学、民俗学都有很深入的研究。文集有《胡适文存》等。

这篇序言是为顾颉刚编选的苏州民歌集而作。文章着眼点甚高,不是就搜集整理民歌的角度来谈其意义,而是从国语文学与方言文学的关系来谈吴语文学的地位和作用的。作者认为"除了京语文学之外,吴语文学要算最有势力又最有希望的方言文学",而吴歌则又是其中唯一具有"完全独立"的意义的。胡氏不是停留在文野雅俗之别的角度来看吴歌,而是选择了白话文学内部语言使用的角度来看,理解得更深了。

文章对顾颉刚这个吴歌选本的得失有着比较中

肯的批评。

胡氏的文章,如他自己所说,"行文颇大胆,苦思欲到底",表现在本文也是这样,持论甚高,说得条畅明晰,断无学究气。

我在七年前,曾说:

> 并且将来国语文学兴起之后,尽可以有"方言的文学"。方言的文学越多,国语的文学越有取材的资料,越有浓富的内容和活泼的生命。如英国语言虽渐渐普及世界,但他那三岛之内至少有一百种方言。内中有几种重要的方言,如苏格兰文,爱尔兰文,威尔斯文,都有高尚的文学。国语的文学造成之后,有了标准,不但不怕方言的文学与他争长,并且还要倚靠各地方言供给他的新材料,新血脉。(答黄觉僧君,胡适文存初排本,卷一,页一五三)

当时我不愿惊骇一班提倡国语文学的人,所以我说这段话时,很小心地加上几句限制的话,如"将来国语文学兴起之后",如"国语的文学造成之后,有了标准"等话,在现在看来,都用不着了。

老实说罢,国语不过是最优胜的一种方言;今日的国语文学在多少年前都不过是方言的文学。正因为当时的人肯用方言作文学,敢用方言作文学,所以一千多年之中积下了不少的活文学,其中那最有普遍性的部分遂逐渐被公认为国语文学的基础。我们自然不应该仅仅抱着这一点历史上遗传下来的基础就自己满足了。国语的文学从方言的文学里出来,仍须要向方言的文学里去寻他的新材料、新血液、新生命。

　　这是从"国语文学"的方面设想。若从文学的广义着想，我们更不能不倚靠方言了。文学要能表现个性的差异：乞婆、娼女人人都说司马迁、班固的古文固是可笑；而张三、李四人人都说《红楼梦》《儒林外史》的白话也是很可笑的。古人早已见到这一层，所以鲁智深与李逵都打着不少的土话，《金瓶梅》里的重要人物更以土话见长。平话小说如《三侠五义》《小五义》都有意夹用土话。南方文学中自晚明以来，昆曲与小说中常常用苏州土话，其中很有绝精彩的描写。试举《海上花列传》中的一段作个例：

　　　　……双玉近前，与淑人并坐床沿。双玉略略欠身，两手都搭着淑人左右肩膀，教淑人把右手勾着双玉头项，把左手按着双玉心窝，脸对脸问道："倪七月里来里'一笠园'，也像故歇实概样式一淘坐来浪说个闲话，耐阿记得？……"（六十三回）

假如我们把双玉的话都改成官话："我们七月里在一笠园，也像现在这样子坐在一块说的话，你记得吗？"——意思固然一毫不错，神气却减少多多了。

　　所以我常常想，假如鲁迅先生的《阿Q正传》是用绍兴土话做的，那篇小说要增添多少生气呵！可惜近年来的作者都还不敢向这条大路上走，连苏州的文人如叶圣陶先生也只肯学欧化的白话而不肯用他本乡的方言。最近徐志摩先生的诗集里有一篇《一条金色的光痕》是用硖石的土白作的，在今日的活文学中，要算是最成功的尝试。其中最精采的几行：

> 昨日子我一早走到伊屋里，真是罪过！
> 老阿太已经去哩，冷冰冰欧滚在稻草里，
> 野勿晓得几时脱气欧，野呒不人晓得！
> 我野呒不法子，只好去喊拢几个人来，
> 有人话是饿煞欧，有人话是冰煞欧，
> 我看一半是老病，西北风野作兴有点欧。

这是吴语的一个分支；凡懂得吴语的，都可以领略这诗里的神气。这是真正白话，这是真正活的语言。

中国各地的方言之中，有三种方言已产生了不少的文学。第一是北京话，第二是苏州话（吴语），第三是广州话（粤语）。京话产生的文学最多，传播也最远。北京做了五百年的京城，八旗子弟的游宦与驻防，近年京调戏剧的流行：这都是京语文学传播的原因。粤语的文学以"粤讴"为中心；粤讴起于民间，而百年以来，自从招子庸以后，仿作的已不少，在韵文的方面已可算是很有成绩了。但如今海内和海外能说广东话的人虽然不少，粤语的文学究竟离普通话太远，它的影响究竟还很少。介于京语文学与粤语文学之间的，有吴语的文学。论地域则苏、松、常、太、杭、嘉、湖都可算是吴语区域。论历史则已有了三百年之久。三百年来凡学昆曲的无不受吴音的训练；近百年中上海成为全国商业的中心，吴语也因此而占特殊的重要地位。加之江南女儿的秀美久已征服了全国的少年心；向日所谓南蛮鴃舌之音久已成了吴中女儿最系人心的软语了。故除了京语文学之外，吴语文学要算最有势力又最有希望的方言文学了。

吴语文学向来很少完全独立的。昆曲中的吴语说白往往限于打诨

的部分，弹词中也只有偶然插入的苏白，直到近几十年写娼妓生活的小说也只有一部分的谈话用苏白，记叙的部分仍旧用官话。要寻完全独立的吴语文学，我们须向苏州的歌谣里寻去。

顾颉刚先生编的这部《吴歌甲集》是独立的吴语文学的第一部。甲集分为二卷：第一卷里全是儿歌，是最纯粹的吴语文学。我们读这一卷的时候，口口声声都仿佛看见苏州小孩子的伶俐、活泼、柔软、俏皮的神气。这是"道地"的方言文学（"道地"起于古代分全国为诸道。宋严羽答吴景仙书云："世之技艺犹各有家数，市缣帛者必分道地。"今日药店招牌还写着"川广道地药材"。这两字用来形容方言的文学最适宜）。第二卷为成人唱的歌，其中颇有粗通文事的人编制的长歌，已不纯粹是苏白的民歌了。其中虽然也有几首绝好的民歌——如《快鞋》《摘菜心》《麻骨门闩》——然而大部分的长歌都显出弹词唱本的恶影响：浮泛的滥调与烂熟的套语侵入到民歌之中，便减少了民歌的朴素的风味了。

颉刚在他的自序里分吴歌为五类：一、儿歌；二、乡村妇女的歌；三、闺阁妇女的歌；四、农工流氓的歌；五、杂歌。我读第二卷的感想是嫌他收集的闺阁妇女的歌——弹词式的长歌——太多，而第二和第四类的真正民歌太少。这也难怪。颉刚生长苏州城里，那几位帮他收集的朋友也都是城里人，他们都不大接近乡村的妇女和农工流氓，所以这一集里就不免有偏重闺阁歌词的缺点。这些闺阁歌词虽然也很能代表一部分人的心理习惯，却因为沿袭的部分太多，创造的部分太少，剪裁不严，言语不新鲜，他们的文学价值是不很高的。

我们很热诚地欢迎这第一部吴语文学的专集出世。颉刚收集之功，校注之勤，我们都很敬服。他的《写歌杂记》里有许多很有趣味又很有价值的讨论（如论"起兴"等章），可以使我们增添不少关于《诗经》的见识。但我们希望颉刚编辑《乙集》时，多多采集乡村妇女和农工流氓的歌。如果《甲集》的出版能引起苏州各地的人士的兴趣，能使他们帮助采集各乡村的"道地"民歌，使《乙集》以下都成为纯粹吴语的平民文学的专集，那么，这部书的出世真可说是给中国文学史开一新纪元了。

一九二五年九月二十夜于北京

◎ 园 林 山 野 ◎

苏 州 文 选 >>>

沧浪亭记

苏舜钦

本文选自《苏舜钦集》(中华书局1961年版)。

苏舜钦(1008—1048),宋代散文家、诗人。字子美。梓州铜山(今四川中江县)人,迁居开封。景祐间进士。官至集贤校理、监进奏事。后遭陷害被除名,退居苏州沧浪亭。他诗文兼长,所作多切中时弊,风格豪健。有《苏学士文集》。

文章以"罪废"为引线,由事入景,描写得"废地"修筑沧浪亭,在那里享受自然美景所感受到的生活情趣。再由情入理,进而揭出文章主旨,表示出对官场生活的鄙视,认为必须克服一己之私欲,才能品赏到大自然风光的"真趣"。这种能于逆境之中忘怀得失的旷达襟怀,是作者精神世界的升华。

作者善于状物传情,对孙氏故园废址和兴建沧浪亭后胜景的描写皆历历如画。行文间,作者俯仰自得,有所思有所悟的神态,也跃然纸上。

沧浪亭

予以罪废无所归，扁舟南游，旅于吴中。始僦舍①以处，时盛夏蒸燠②，土居皆褊狭③，不能出气，思得高爽虚辟④之地，以舒所怀，不可得也。

一日过郡学，东顾草树郁然，崇阜⑤广水，不类乎城中。并水⑥得微径于杂花修竹之间，东趋数百步，有弃地，纵广合五六十寻⑦，三向皆水也。杠⑧之南，其地益阔，旁无民居，左右皆林木相亏蔽⑨，访诸旧老，云钱氏有国⑩，近戚孙承祐之池馆也。坳隆胜势⑪，遗意尚存。予爱而徘徊，遂以钱四万得之，构亭北碕⑫，号沧浪焉。前竹后水，水之阳又竹，无穷极，澄川翠干，光影会合于轩户之间，尤与风月为相宜。

予时榜小舟，幅巾⑬以往，至则洒然忘其归，箕而浩歌，踞而仰啸，野老不至，鱼鸟共乐，形骸⑭既适则神不烦，观听无邪则道以明，返思向之汩汩⑮荣辱之场，日与锱铢利害相磨戛⑯，隔此真趣，不亦鄙哉！

噫！人固动物耳⑰！情横于内，而性伏必外，遇于物而后遣，寓久则溺，以为当然。非胜是而易之⑱，则悲而不开。惟仕宦溺人为至深。古之才哲君子，有一失而至于死者多矣，是未知所以自胜之道。予既废而获斯境，安于冲旷⑲，不与众驱，因之复能见乎内外失得之原，沃然⑳有得，笑傲万古，尚未能忘其所寓目，用是以为胜焉。

【注释】

① 僦（jiù）舍：租赁房屋。

② 蒸燠（yù）：暑气蒸热。

③ 褊狭：狭隘，狭小。

④ 虚辟：空旷开阔。

⑤ 崇阜：高冈。阜，丘陵。

⑥ 并：沿水而行。并，通"傍"。

⑦ 纵广合五六十寻：长度和宽度，即周长大约为五六十寻。古代以八尺为寻。

⑧ 杠：小桥，或独木桥。

⑨ 亏蔽：掩蔽，遮盖。

⑩ 钱氏有国：五代时钱镠建立的吴越国。

⑪ 坳隆胜势：高低起伏的优美的势态。

⑫ 埼（qí）：曲岸。

⑬ 幅巾：古代男子用绢一幅束发为幅巾。

⑭ 形骸：指躯体。

⑮ 汩汩（gǔ）：形容心绪动荡不定的样子。

⑯ 日与锱铢（zīzhū）利害相磨戛（jiá）：每天为着轻微细小的利害相互摩擦。锱铢：古代重量单位，六铢为一锱，四锱为一两。磨戛，摩擦，碰撞。

⑰ 人固动物耳：意为人本来是承受外物刺激而内心受到感动的。

⑱ 非胜是而易之：意为如果找不到胜过它的事物来代替它。易，替代。

⑲ 冲旷：淡泊旷达。

⑳ 沃然：饱满充实的样子。

记苏州的园林

纪　庸

本文选自《我说苏州》（古吴轩出版社 1997 年版）。

纪庸（1909—1965），历史学家、散文家。河北蓟县人。早年就读于北京师范大学国文系。解放后任江苏师范学院教授。历史学著作有《清初圈地考》《中国古代的水利》等。另有散文集《两都集》。

《记苏州的园林》称得上是写苏州园林的大手笔。文章从全城的风光写到一个又一个名园。写苏州城时，很注意角度的转换，由登塔俯瞰写到门前坐对，意谓即使平平常常的景致，也无一不可入画。写诸园时，笔致洒脱，并不求全，只是以类似点评之笔，疏疏落落地评上几笔，或言旧事掌故，或加针砭。作者为历史学家，侨寓苏州既久，述及昔年传闻，娓娓动听，唯稍觉有些地方议论多了些。

园林的城

苏州是个园林的城。多少名园久为游客所向往。从前，皇室修建御苑，也曾取作蓝本。还有若干诗人把它"形之篇什"。所以，苏州园林的著名，真是由来久矣。但我却另有一番看法，那就是，园林之外的园林也许更好。有一次登北寺塔，俯瞰全城，掩映在万绿丛中，顿使我忆起在北海白塔上远望故宫的景象。王维的"雨中春树万人家"①诗句，又一次得到深刻的印证。唐末诗人杜荀鹤这样描写苏州："古宫闲地少，水港小桥多；夜市卖菱藕，春船载绮罗"②，我感到这意境今天还有些仿佛。倒比白乐天的"绿浪东西南北路，红栏三百九十桥"③还要生动具体些。

我住在一条临河的长巷，④妙在出门就是河，隔河才是另一条巷，这就使我不至于有走在平江路那样逼仄街道的感觉——喧嚣而不透气，有些段落又会感到拥塞中的荒凉。小河上必不可免的要有几座桥，这桥的形状也就表示着本身历史的悠远，绿苔封着石缝，石头栏杆已经不全。从桥的驼背上望着远远划过来的一只小船，深秋，是载着稻草吗？那上面一定有轻轻的晨霜；盛夏，是载着西瓜吗？紧随着必有一声韵味悠长的唤卖。那水，好像是不会流动的绿色纨绮，可是一夕大雨之后，却也涨得"两岸潮平"。有意思，有人在河岸上种起垂柳来了，一、二、三、……刚好对了我的门是五棵，在形式上使我接近了五柳诗人。住在河岸小庙里的一位老太太，利用河岸隙地种着青菜、扁豆、向日葵。每当回家，我在路上看着碧绿的菜叶，娇黄的葵花，已经有了充分的野趣。而那战颤在秋风中的紫色扁豆花，更添了不少秋意。这些，都使我流连，使我喜爱。

　　曾经有一个时期我住在所谓"南园"，这是南城里边靠近市区的一片农田。小河、板桥、菱藕、在河汊里长日坐守扳罾的渔人、春天的桃花、初夏的菜花、秋天的一片黄云似的稻子、冬天冒雪冲寒的油菜……都曾经使我消磨整半天整半天的光阴。

　　这便是园林以外的园林。

　　然而，把大自然的趣致更浓缩更集中起来的，却也不能贬低了那些作为游赏中心的名园。尤其是，从前属于"锦屏人忒看得韶光贱"的少数人享乐的所在，今天已经焕然一新，成为人人可以分享的风景了，更不能不把我的印象记下来一二。

拙政园

　　我曾在这个东北角落的园林里住了将近二年。那时这儿被反动派所办的一个大学⑤占用，除了校长办公室粉刷一新之外，其余各处的荒凉残败真使人难为情，但是听说"修建费"领到的并不在少。

　　城里的园林，不能不算它较大，不愧为四大名园之首（四园：此外还有留园、狮子林、网师园，网师园尚未修复）。我对它的直觉印象是一个"幽"字。也许这个译语有点抽象，但若你到这里的话，自己在后山的亭子、见山楼上静坐那么一会儿，你就会同意我的意见。我以为，玩赏一个园林，不一定在乎厅堂的富丽，譬如说，这里也有什么远香堂、三十六鸳鸯馆等，——隔壁博物馆占用的玉兰堂也许更堂皇些，可是，在这些地方很难领会园林的真正佳趣。当然，这些建筑也是园林里必不可少的组成部分，有了它们，才能使山石微径，曲水红桥,更加有所联系,有所归宿。然而,假如把欣赏和领会胜境的中心完全放在考究什么楠木厅,什么画栋雕梁的工程上,就难免近乎煞风景。所以,我请您在玩赏了上面的"主题结构"之后,一定要上后山,静坐一会儿,把你的眼界放得更宽些,把你的恣纵的心情镇慑得更宁静些。

忠王曾经在这个园里办公,历史家们对于"忠王府"是十分珍视的。我想忠王岂止是个革命领袖,他也算是一个有意思的艺术家。单说他选择了见山楼来做办公地址这一点就不平凡。这个楼并不富丽,也不太高大,但位置在全园的最后,坐在楼上可以看见肥大的梧桐叶覆在青青的屋瓦上,可以看见几竿修竹在风中摇曳的姿态,可以听见不知名的鸟儿在不知什么地方争鸣。要是在夏天,当风雨来时,这里的情境更非笔墨可以形容,蒙蒙的白雾笼罩了一切,那是急雨溅起的飘在瓦面上的水珠。忽而一阵开晴,美丽的彩虹可以使你惊奇地看上好一会儿。

从土山上的亭子远望,也许比园子里边更为舒畅。晚照中城墙的雉堞和荒旷的田野,河边没有行人兀自潺潺流着水的小河……听说本来这个园子北面曾经直达城根,我们也不妨想象那里从前有过飞楼水榭,历史使它们化作尘土,从而不免想到这个园子最早的主人,他是那样假惺惺地选择了潘岳的话作了园子的名字,认为归隐林泉乃是"拙者之为政"(《闲居赋》里的话),其实,他真正是个名实相符的"拙者",除了使后人对他嗤笑之外,并没有得到什么。

水,是园林里不可少的。远香堂侧的荷塘那是很不错的了,但我很喜爱三十六鸳鸯馆附近,沿着东墙一带的,生满浮萍和水藻的绿波,那水是得到"静"趣的,好像是"与世无争"的。转过弯儿，在后墙根生着肥大碧绿的芭蕉，这点"旧时院落"的情味，我想在月夜应当更美，如果能够在这里一面赏月，一面哼着吴梦窗的词句，也许是诗人们很感兴趣的吧？可惜的是，过去的诗人们只咏赞着什么文徵明手植的紫藤和宝珠山茶，而没有把这样的意境作为抒写的材料。

狮子林

狮子林是拙政园的比邻，在几十步的距离内，有这么两个名园，足见吴中园亭之盛了。园以狮子为名，难免使人感到奇怪，佛经里说，说法使人通悟，叫"作狮子吼"，这里山石的奇怪形状，有如狮子云云，我想这名字总不是"切合实际"的，何况石头也实在看不出像狮子。

说真的，我觉得苏州各园林的山石堆得最不好的要算这里，因为它使人感到拥挤，不是太少而是太多。我的癖好是"山不在高，水不在深"，石头也不必以多为胜。尽管那山洞很是曲折，小孩子捉迷藏当然有趣，成年人恐怕不见得怎么样。曲折是一种美，但必须曲得使人看不出，那是真曲，本来一览无余，相隔咫尺，而钻起山洞来却偏偏左盘右旋，至少对于我这样喜欢直来直去的人不合适。而且像以四面皆石著称的卧云室，也弄得四面不太透气，会使人有点儿不耐烦。我很欣赏苏州坎坷文人沈三白的话："狮子林虽曰云林手笔，……然以大势观之，竟同乱堆煤渣……全无山林气势。"（《浪游记快》）不过，请你原谅，这完全是"我"的感觉，未必与你的见解相合。或者，我根本没有钻过"石林"的洞，缺少实践的知识，说得过分主观。我只要求肯定一点，就是不要把这样石头的堆砌全加在大画家倪云林身上（按照一般传说，云林是本园的重要设计者，园子是在元朝筑成的），倪云林的山水画是何等简古澹泊，怎么会堆垒出这么琐碎的山子来呢？现在这个园子里的"立雪轩"附近壁上，还有一幅云村小景刻石，您看看，那种荒旷境界，是多么和这个园林的堆砌气相对立呀。

这且不谈。这园子的好处我也别有会心。我所爱的是指柏轩这个厅堂，幽静、深邃。那右面的一片青翠得像要滴下水来的竹子是多么值得留连，设想在盛夏的天气，在绿色的浓荫下，睡那么一觉或是吃上两杯龙井茶，真是不易获得的享受。恐怕在附近的真趣亭和荷花厅赏荷花，倒未见得有这样的静趣。

暗香疏影楼也是一个值得喜爱的地方，妙在从楼上就可走向假山上的走廊，是楼又不是楼，这确是一点匠心。近处三五株梅花，若是初春，当可体会姜白石这两句词意。然而，要叫我冥坐沉思，得到工作以后的真正休息，我还宁愿在"古五松园"这偏僻的一角。明清以来的五棵松树都随着沧桑变化消失了，只有陈中凡先生寄赠的一幅李复堂五松图在点缀着历史上的名字。可是对面那株古柏确是"老干参天，霜皮溜雨"，不由得使你想到那图画的年代，松树的年代，乃至园子、山石的年代。

怡　园

怡园以小巧著名。说是小，比起拙政园、留园是差得多了，那水真够得上是"半亩方塘"。这个园子在建筑的历史上是年轻的，沧浪亭始于北宋，狮子林始于元，拙政园、留园都始于明，唯有这园林是光绪初年的建筑，距今不到百年。不过当清末其他园林都有些凋落了，这园子却以"崭新的姿态"出现，又居于城中心，于是便成为当时文人学士"觞咏"之地。现在园子最西部一个大厅"湛露堂"中还挂着那时几位诗人画家对此园的写生，时间是光绪庚寅（十六年，1890），作者是鼎鼎大名的吴大澂、陆廉夫等。"吴大帅"这时还没有失势，下距甲午战争他老先生出关抗敌遭遇失败还有四五年，可算是功名鼎盛的时候，自然在本地是个大绅士，文人墨客的领袖。这几幅画，是解放后文物保管当局征集来的，即此一点，可以看出我们人民政府对文物古迹爱护的无微不至。

藕香榭是这里的主要建筑，要讲堂皇富丽，当然不及拙政园的远香堂，狮子林的燕誉堂指柏轩，更不及留园的五峰仙馆鸳鸯厅了。可爱的是，它好像更朴素些，更简洁些，不像那些高堂大厦使人起"肃然"的感觉，而是更为"平易近人"的。除了小桥临水，可以看游鱼悠然来去之外，南墙根的几株高大梧桐，西墙阴的几棵嫩绿芭蕉，都会给你勃勃生气的。所以这里的游人也并不少；——可能是，园子隔壁就是有名的"朱鸿兴"，秋天，凭吊完了落叶的梧桐、憔悴的芭蕉，吃一碗虾蟹面，风味也是不坏的。

园林壁上嵌石刻，是苏州的通例。除了本园的纪事之外，兼摹古人名迹，怡园也不例外，可是这儿我特别推荐您看一看"碧梧栖凤"西面，走廊北转地方的一块石刻。刻的是明末东林党被魏忠贤迫害的五君子手札，——杨涟、魏大中、缪昌期、周顺昌、周宗建。除杨涟是湖北人外，其馀都是苏州府人，特别是周顺昌，一六二六年东厂来逮捕他，曾引起全城市民公愤和大暴动，有名的"五人义"故事就是写的这次暴动的五个领导者,在虎丘有着他们的墓地。我每次到这块石刻面前,总是"徘徊不忍去"。疑问是,为什么把它放在这个阴暗不引人注意的地方?而且管理园子的人也没有特加说明。在狮子林的走廊南部刻有一块文天祥写的字(文丞相南宋末曾作平江知府,守苏州)地图上倒标着"文天祥碑亭",列为一景,而且连"写作俱劣"的所谓"乾隆御笔"在狮子林也还有"御碑亭",对这几位大义凛然的"士大夫",似乎不该置于这样寂寞的境地。

沧浪亭

城中园林,没有更比这里古老的了。今天去看,也还是斑斑驳驳,透出古的气息。它不像留园那么"富贵气",也不像怡园那么暴发户气。虽然没有金碧辉煌,雕梁画栋,却另有朴实厚重的滋味,恰与苏子美这样一个退隐了的诗人身分相称。子美建筑沧浪亭,当在十一世纪中叶,距今足有八百年了。这位诗人把卖公家烂纸的钱请了宾客,犯了风雅的贪污罪,从此丢了官,便住在苏州。作官的总会弄几个钱,所以终于修下了这个亭园。我们还可以看到镶在"观鱼处"附近墙壁上诗人笔迹石刻,那飞动的草书,着实"要得"。但不知拿汉书来下酒,是否是在这里住时的故事,恐怕乃公心头牢骚不少,所以才拿这种东西作酒肴的。

《浮生六记》作者沈三白君是个至性人物,据我看来,这个封建社会的穷困知识分子,受足了家庭的压迫,社会的白眼,他的作品有血有肉,可算得古典的现实主义者。他的旧居就在沧浪亭畔,曾和他的爱人也是他的知友芸娘初秋赏月于此,成为他一生不忘的记忆。芸娘真是个有趣的人物,很想于月夜在亭外河里划船一游,我们今天到这里何尝不作此想?遗憾的是,仍然无船可划。我觉得沧浪亭外的一泓流水实在是别的园林所不及的,它流得那么自然、痛快、澄澈,不像那些被人故弄玄虚的"流觞曲水",使人别别扭扭。常常在这儿碰到静静的垂钓者,平添我无限的羡慕。古人说沧浪之水清可濯缨,浊可濯足,我却觉得,不管清浊,在这里临流濯足,都是快事。正因此故,我就更感到"观鱼处"那个小亭子的可喜了。

沧浪亭以石刻著名,尤其是五百名贤祠。为了凑石刻,把苏州石刻的三宝——文庙里的天文地理平江三图拓片也悬在"明道堂"。当《十五贯》风行之日,您不想瞻仰一下"况青天"吗?请在祠中细细寻觅吧,您准会遇见的,并且那位以官僚主义对待问题的巡抚周忱的像就在他的旁边。

沧浪亭五百名贤祠

乾隆这个人十分可恶，他到处乱写。名贤祠外东壁有一幅文徵明的刻像，很简古有神，偏偏他要题诗一首，居然认为有了他的诗，"较他前辈庆遭逢"，真是佛头着了粪，倒霉哉文高士也。附近墙上还有陶澍刻的五老图，梁章钜后代刻的七友图，也可以看看。陶澍作过江苏巡抚，驻在苏州，以后又作正谊书院山长，书院即在对面的可园。

关于亭子本身，我不想多说，因为那仅仅是山石上一座普通亭子，如此而已。

留　园

留园和拙政园同是清末两个大园林，不过彼在城外，此在城内。单说在园子外面的马路，当时取名"留园马路"，而且是苏州最早的一条，您就可以想到园主人的威风。由"盛旭人（康）方伯"（跟胡林翼打过太平军，作了道台）到"盛杏荪（宣怀）宫保"，威风越来越大，本来是单纯的旧官僚地主，后代却加上了洋头衔，兼着洋大人的买办了。中国社会到这时也被他们出卖得加上了一个半殖民地的"台衔"，可能，那时的高贵来客们，会是马车与轿夫竞走，红顶与金表争辉的吧？余生也晚，未睹其"盛"，仅见今天临街还有几间走廊，大约乃当年轿夫御者休息之地。

留园在清初是洞庭东山富翁刘蓉峰（恕）的别墅，明代则是太仆寺卿徐溶的东园（现仍有西园，即戒幢寺及西面的园子），又名"花步"，这个名字倒很别致，清末才入盛家。俞曲园给这园子的冠云峰写赞说："园主人动了二十年脑筋才把这块有名的山石弄到手，今后将永为盛家所有了罢?"那知道五六十年之后就为人民所有了呢?

国民党统治时期这里被破坏得实在怕人,请你一进大门先看看那些修理以前的照像。听说修复这个园子很费了事,有些装修乃是远从洞庭东山、西山找来的,而配合得是那么天衣无缝,在各园林中,要算这儿最有华贵的气派了。五峰仙馆、鸳鸯厅(林泉耆硕之馆),比狮子林的指柏轩和燕誉堂有过之无不及。而冠云楼前的冠云峰尤其是值得一看的石头。孤高磊落,独立无倚,比南京瞻园的奇石更有气魄。可惜是,仍旧有"斧凿痕",假如从后面望去就不大妙。苏州太湖石当以旧织造署(现在的师范学院附中)的"瑞云峰"为第一,不仅瘦皱透兼备,而且一片天然,毫无雕凿,秀媚而又雄浑。相传这些石头从太湖运来屡次翻船溺人,因而被视作不吉之物,在旧社会的地主手里,他们当然吉不了,人民也不愿它吉。

刘氏的园林原在西部,主要建筑名"涵碧山房"——原来是叫寒碧山庄的,我认为原来的名字好得多,还有点山林气,更接近自然,等到把"碧""涵"了起来,那真像地主、资本家独占的口气。虽然东部的厅堂更精丽,我偏喜爱西部的雅静。钱竹汀先生(清初大学者)的《寒碧庄宴集序》刻在涵碧山房前面壁上,有几句话写的很有点意思:"唯园亭之盛,必假名流觞咏,乃能传于不朽。"我们对于盛宣怀之流没有好感,因而对于曾为他所占有的园子的感情上也打了折扣,可是想想钱老先生这样的"胜流",在盛园之前,也曾诗酒流连于此,就又生出一番恋恋之意,于是不免对着藓封尘锁的"花步小筑"四个隶字出了神,——正因为它乃钱先生的笔迹。

其实，愿意欣赏自然景物的还不如登上那座僻处西南角的土山，从"缘溪行"上山，可以远望虎丘、天平、灵岩诸胜。要是在蝉噪林逾静的夏天管保更好。

一九五六年十月十五日

【注释】

① "雨中春树万人家"：【唐】王维：《奉和圣制从蓬莱向兴庆阁，道中柳春雨中，春望之作，应制》。

② "古宫闲地少"四句：【唐】杜荀鹤：《送人游吴》。

③ "绿浪东西南北路"两句：【唐】白居易：《正月三日闲行》。

④ 长巷：指叶家弄。

⑤ 大学：国立社会教育学院。

闲说留园

薛亦然

本文选自《姑苏行》(江苏凤凰教育出版社2015年版)。

薛亦然(1954—),作家,江苏东台人,曾任苏州市文联秘书长。著有诗集《空匙圈》,散文集《独语》《归家》《姑苏行》《谁享受苦难》《水墨苏州》《茶话会》,纪实文学《国宝》《大师》《本色》《苏州小巷》《满城活水》等多部。

留园是中国四大名园之一,该从哪儿话起呢?纵向谈,可以成为一部留园史,横向谈,可以成为一部留园志。作者却拈出一个"闲"字来"闲说"。"闲"就是自在、任性,无所拘束,但也不是脚踏西瓜皮,滑到哪里是哪里,而是就一两点说开去,张弛有度,挥洒自如。文章抓住了留园的精髓,凝成了一句:"一看石头二看墙",发挥开去。

就"石"与"墙"两者而言,作者所说的重点在"石","墙"只是一带而过。而在说石之中,收敛中又有放有纵，不去写园主人引以为傲的以冠云峰为代表的十二峰，而是写散落在园中的群石，去追询太湖石的精魂，并从太湖石的驯化和情貌，谈石的气质和秉性，进而切入对苏州人文化基因和性格的历史嬗变的论述。全文由说园谈石到说人，浑然一气，实实在在地体现出一个"闲"字。

君到留园看什么？一看石头二看墙。

石头是留园的强项：冠云峰大名鼎鼎，刘恕题名的一十二峰有名有姓，还有许多形态各异的太湖石在留园里各露其姿、各献其巧，说留园是一个太湖石博物馆一点也不过分。即使有一阵风将留园的建筑、花树一股脑儿吹去，只留下一地太湖石，留园也自有其存在的价值。

墙头也是留园可以引以为自豪的。最通俗的是嵌有可以移步换景的漏窗的那堵墙。从某种意义上说，建筑的艺术就是砌墙的艺术，留园建筑空间的奇妙就是砌墙头砌出来的。有位细心的游客感叹说，从五峰仙馆到揖峰轩近在咫尺，但小径曲折五次，从小轩到对面的石林小屋只六七米，游廊也要转折四五次。这一区域长仅 29 米，宽只 17 米，却包容了八个形状、大小均不同的天井和院落。所以一位朋友评论说苏州人干什么都精致得很，弄得砌墙头也跟雕镂檀香扇似的。

是的，精致无疑是苏州文化最明显的特征。但她又不是一味地精雕细琢，她还注重从大自然里寻求一种粗疏和旷达，追求巧趣天成。在这方面，苏州园林对石头的重用便是极好的例证。按理说，大自然里最冥顽不化、羁骛不驯的就数石头了，可是一旦苏州人把它们放进深院大宅里的庭院，安置到亭榭台阁之间，立即像野狼变成了家犬，雄奇的依然雄奇，诡谲的依然诡谲，但都浸润上温驯的气息，变得精致典雅起来。那石头还是石头，却成了最精致的石头，天成的精致与人为的精致融合到一起就厉害了，真个是"金风玉露一相逢，便胜却人间无数"。苏州人有一杆奇怪的鞭子，他们拿着那鞭子到太湖西山一赶，那些太湖石就像失散多年重逢主人的宠物一样，被赶起来，成群结队来到苏州，每走到一个园林门口，便分配一些进去，守望那儿的风景。苏州不大喜欢把自己放养到大自然中去，而是习惯于把大自然圈养到自己家里来。圈养的结果是雄浑不见了，野性不见了，最后只能剩下精致。苏州人对此似乎并不感到遗憾。他们想：拥有精致还不够吗？苏州人的心平得很。

谁能找到苏州人的那杆鞭子，谁就能打开苏州文化的奥秘。

不知道太湖石们是不是同意我这种说法，但我想它们至少在一点上与苏州人心有灵犀，这一点可以套用一句辛词：我见苏州人多妩媚，料苏州人见我亦如是，情与貌，略相似。

这话不是随便说说的。踯躅在留园一十二峰之间，作漫无边际的胡思乱想，越想越觉得苏州人像太湖石，或者说太湖石像苏州人。你看太湖石那形状、那姿态，婀娜多姿，七窍流韵，糯是糯得来，嗲是嗲得来，苏州评弹分明是从那孔窍里飞出来的，高雅无比的昆曲分明是从那纹理里流出来的。太湖石又叫花石，是石头中的花；但如果想把这朵花玩弄于股掌之上，她又会变成花中的石头。苏州人也不只是糯和嗲，就像太湖石不仅有线条，还有硬度。太湖石是一朵沉甸甸的云。两千多年来苏州人的历史是从尚武过渡到崇文的历史，是从醉心于削铁如泥、于百万军中取上将首级的三尺宝剑到神往金榜题名、状元及第的历史，但这并不等于说苏州人真的是面团、是云。有一出传奇叫《清忠谱》，后来改成京剧《五人义》，原作者是明末清初的苏州人李玉,这是一出反映明末时以"五义士"为首的苏州市民与魏忠贤阉党斗争的历史剧。这出"事俱按实"的戏还有一个名字,叫《看看苏州人》,听听,多么响亮,多么自豪!现在,苏州人的硬度似乎表现在他们软绵绵的固执上,让人乐于接受。都说宁听苏州人吵架,不听宁波人讲话,这话是讲苏州人说话好听,其实还有一层意思,即苏州人极少吵架,物以稀为贵,于是都想听听。苏州人很少吵架并非没有矛盾,而是他们深知有矛盾吵也没用,不如和气生财。事实上我也从来没有看到一个苏州人被真正说服过,除非他自己说服了自己。"江阴强盗苏州佛",佛是不吵的,佛等别人悟。

太湖石的窍眼多也像苏州人的心眼多。有些人说京派一门心思想升官,海派一门心思想发财,这话不无道理。一门心思是死心眼,死心眼做人太累。苏州人不,苏州人官也做得,钱也赚得,书也读得,曲也唱得。天生我材必有用,能玩啥就玩啥。太湖石沉重,苏州人的心理历程也挺沉重。吴越征战时吃了瘪,休养了一段时间又被朱元璋揿着头不放,清朝皇帝对苏州人也不怎么待见。也好,自己过自己的日子吧。冷遇有时也是一种成全,苏州人的心灵没被种种诱惑所壅塞,小日子还过得有滋有味。苏州人喜欢谈论这样一则金圣叹轶事:有位老和尚给金圣叹出了个"半夜二更半"的上联,这位吴中才子没对上,直到他因抗粮哭庙案而判死刑,临刑正值中秋,于是他突然想起应该对"中秋八月中",急忙要儿子去找老和尚把下联对上。是不是真有其事苏州人不管,苏州人神往的是那种风致,这才是性情的真潇洒,这才是心灵的大自由。

新修寒山寺记

俞 樾

本文选自《寒山寺志》(江苏古籍出版社 1999 年版)。

俞樾(1821—1907),清代经学家、文学家。字荫甫,号曲园。浙江德清人,后侨居苏州。著有《春在堂全集》。

寒山寺这一古刹,可以说是屡经废兴,这些历史在现存的碑记中都有些反映。从社会史的角度来看,一寺之兴替总有其社会历史原因,反映了那个时代的民众心理和社会客观要求。

俞樾的这篇《新修寒山寺记》,并不囿守碑志文章的程式,而从叙述陈夔龙(即筱石)这位主持和倡议修复寒山寺的地方最高行政长官的迁调经历和睹景生情的事实入手,寓理于事,道出了地方官除守土和教民以外的另一项重要责任:保护文化遗产。再从日本文墨之士来苏与俞氏相晤,往往言及寒山寺,体现出了该寺在文化交流中的重要地位,从深层意义上道出了此次重修的价值。俞氏在碑志写完之际来上一笔："或视六如居士旧记，所见较大乎？"自诩之情，溢于言表。俞樾潜心经史，并不卷入当时政治潮流，但其识见和治学、撰文的取向是站在时代前头的，这在本文中也有所反映。

筱石中丞之抚中州也①，于节署得八景焉。其八曰"萧寺钟声"。中丞赋诗云："宦味与禅悦，喧寂有殊致。夜半闻钟声，如在寒山寺。"诗境清越，寓意深远，一时宾从皆吟赏不置。其时在乙巳②之冬，及明年正月，遂拜移节江苏之命。中丞喟然曰："浮生如寄，宦

寒山寺

迹如蓬，吾前诗其为之兆乎？"

爰于三月下旬，莅止三吴。下车伊始，兴教劝学，整军经武，日不暇给，未遑一问寒山之胜也。

偶因校阅营伍，税驾郊坰③，问其地，曰："枫桥也。"问："寒山寺焉在？"曰："近在咫尺。"乃与众往观。入其大门，门庑④且隘。登其大殿，榱桷⑤粗存。达观于其左右，则荒葛崩榛，中唯燕葵兔麦而已。文待诏⑥所书唐张继诗，旧刻石寺中，可辨者仅数字。唐六如《寒山寺记》，亦漫漶过半。⑦中丞叹曰："名胜之地，荒芜至此。官斯土者，与有责焉。吾曩者远在大梁⑧，缅怀兹胜，形之歌咏。今临其地，其能恝然⑨乎？"乃与僚属共谋修葺，自方伯以下，不谋而同辞，佥曰："美哉，斯举乎！"各捐俸廉，赞成其事。

爰卜日鸠工，展拓其门闾，使临大路。由门而进，折而南行，构堂三楹。由堂而进，东西之屋各三。东屋宏敞，宾朋之所燕息也。西屋稍觕⑩，则凡寺中旧碑，咸植于是。以文待诏所书张懿孙诗⑪，今已残缺，属余补书而重刻焉，堂之西，尚有隙地，乃构重屋，是曰钟楼。铸铜为钟，悬之其上，以存古迹。

经始于光绪三十二年九月，不两月而告成。中丞自捐廉俸，以为之倡。自方伯、廉访、观察、太守，至长洲、元和、吴县三大令，咸酿资以佽⑫之。都凡用洋钱□千□百。董理是役者，权知元和县窦君镇山也。

余往年视学中州，辱有文字之契，故与余相习，因绘图具说，述中丞之命，求记于余。

考寒山寺，创建于梁天监时，旧名妙利普明塔院，以寒山子曾居此寺，故即以为名。吴中寺院，不下千百区，而寒山寺以懿孙一诗，其名独脍炙于中国，抑且传诵于东瀛。余寓吴久，凡日本文墨之士，咸造庐来见，见则往往言及寒山寺。且言其国三尺之童，无不能诵是诗者。乃寒山寺竟芜秽不治，使人发胜地不常之叹。何以存此邦之名迹，而动远人之欣慕哉？然则中丞之修葺此寺，其用意深矣。若惟是感朕兆之不虚，喜觞咏之有寄，犹非中丞雅意也。余老矣，不获从诸君子后，共落其成，辄纪本末，述年月，以为斯记。

至方伯以下各出钱若干，用汉碑之例，具刻于后，并勒名于钟，故不及焉。

余所书张懿孙诗，远不及衡山旧刻，而此记则尚能窥见中丞之意，或视六如居士旧记，所见者较大乎？

光绪三十二年，岁次丙午。

【注释】

① 筱石：陈夔龙字。他先任河南巡抚，转任江苏巡抚。中丞：明、清官制，巡抚挂的是中央政府的兵部侍郎或都察院右副都御史的官职。明初及以前有"御史中丞"的官，后废除，此处以古例今。中州，即今河南一带。

② 乙巳：光绪三十一年（1905）。

③ 坰（jiōng）：远郊。

④ 庳（bì）：低矮。

⑤ 榱桷（cuījué）：椽子。

⑥ 文待诏：即文徵明。他曾任翰林院待诏。

⑦ "唐六如"句：六如，六如居士的省称，明书画家唐寅的号。

按：唐寅未尝撰记，今寺中所存残刻，乃《寒山寺化钟疏》。

⑧ 大梁：指开封。

⑨ 恝（jiá）然：淡然，漫不经心的样子。

⑩ 稠：减少，削减。

⑪ 张懿孙诗：懿孙，张继字。诗，指《枫桥夜泊》。

⑫ 佽（cì）：帮助。

苏州盆景一席谈

周瘦鹃

本文选自《人间花木》(九州出版社 2017 年版)。

周瘦鹃(1895—1968),散文家、小说家、园艺盆景家。原名祖贤,后改名国贤,号瘦鹃。江苏吴县(今苏州)人。对我国现代俗文学的发展有过重大影响。著作有《拈花集》《行云集》《花花草草》《苏州游踪》等。

文章意在介绍苏州盆景的制作技巧和特色。开头从清代人龚翔麟咏苏州盆景的一首小词入手,揭示决定盆景品格的标准——画意的有无和高下,并以此作为贯串全文的脉络。再转入对一般盆景概念的界定、释说和对盆景制作用料、构思的说明。进而谈苏州盆景制作的几种模式。最后谈盆景制作的要领,强调关键在于制作者的艺术素养,即取法于名画,与开头相照应。

文章把一个比较抽象而又具有专门性的问题说

得深入浅出，条理分明，很能显示出作者的盆景艺术素养和驾驭文字的功力。

"三尺宣州白狭盆①。吴人偏不把、种兰荪。钗松拳石叠成村。茶烟里，浑似冷天昏。　　丘壑望中存。依然溪曲折、护柴门。秋霖长为洗苔痕。丹青叟、见也定消魂。"

这是清代词人龚翔麟②咏苏州盆景的一阕《小重山》词，他说的把一株小松种在一只狭长的宣石盆中，配以拳石，富有画意，成为一个上好的盆景，因此老画师也一见消魂了。

盆景是什么？盆景的构成，是将老干或枯干的花树、果树、常绿树、落叶树等一株或二株种在盆子里，抑制它们的发育，不使长得太高太野；一面用人工整修它们的姿态，力求美化，好像把山野间的树木缩小了放在盆里一样。其实盆景大部分也就是利用这种野生的树木作为材料，由于艺术加工而制成的。原来那山野、岩谷间所生长的松、柏、榆、枫、雀梅、米叶、冬青等，经过数十年或数百年之久，枯干虬枝，形成了苍老的姿态，只因一年年常经樵夫砍伐，高度只有一二尺左右。这种矮小而苍老的树木，俗称树桩或老桩头，如果掘来上盆，加以整理，一面修剪，一面扎缚，就可成为盆景。要是单独的一株，那么可以依树身原来的形态，种在深的或浅的方形、圆形以及其他长方形、椭圆形、六角形等陶、磁或石盆中，树下树旁可适当地安放一二块拳石或石笋。例如一盆悬崖形的树木，种在方形或圆形的深盆里，根旁倘有馀地，可以插上一根石笋，欹斜形的树木，种在长方形的浅盆中，不论一株、二株，倘觉树下馀地太大，显得空虚，那就可以配上一块英石或宣石。像这样的栽种和布置，可称为简单化的盆景。

那么怎样才是复杂化的盆景呢？这就须更进一步，制作比较细致。倘以绘画作比，等于画一幅山水或一幅园林，又等于在盆子里制成一个山水或园林的模型，成为立体的实物了。农村渔庄，都可用作绝妙的题材，并可在配置的人物上，设法将劳动生产的情况表现出来。凡是山岩、坡滩、岛屿、石壁等等，都可用安徽沙积石或广东英石、苏州阳山石等作适当的布局。人如渔、樵、耕、读，物如亭、台、楼、阁、桥、船、寺、塔、水车、茆舍等等，都以广东石湾制的出品最为精致。树木一株、二株，或三五株以至七株、九株，树身不必粗大，务求形态美好，必须有高低、有远近、有疏密，并以叶片细小为必要条件，否则与全景不称。就是人与物配置的远近，也都要有一定的比例，而人与物的形体，为了要与树叶作比例，所以不宜太小，还是要选用较大的较为合适。凡是制作盆景的高手，必须胸有丘壑，腹有诗书，多看古今名画，才能制成一盆富有诗情画意的高品。如果有这么一个水平较高的盆景，供在几案上，朝夕观赏，不知不觉地把一切烦虑完全忘却，仿佛置身于大自然的怀抱里，作神游，作卧游，胸襟为之一畅。

苏州的盆景，已有很悠久的历史，可是过去传统的风格，总是把树木扎成屏风式、扭结式、顺风式和六台三托式等等，加工太多，很不自然，并且千篇一律，也显得呆板而缺少变化。后来由于盆景爱好者观赏的眼光逐渐提高，厌弃旧时那种呆板的风格，于是一般制作盆景的技工，也就推陈出新，提高了艺术水平，在加工整姿时，力求自然。凡是老干或枯干的树木，依据它们原来的形态，栽成种种不同的形式，大致可以分作五种，对于剪片、扎缚等手法，起了显著的变化。

一、直干式：主干直立，只有一本的，称为单干式；主干有二本的，称为双干式；不过双干长短不宜相等，应分高低；主干三本或五本的，称为多干式。本数以单数为宜，不宜双数。

二、悬崖式：此式俗称"挂口"，有全悬崖、小悬崖、半悬崖各式。全悬崖的主干悬出盆外较长，角度较大，枝叶不在盆面，要用深盆栽种，近根处竖一石笋或瘦长的石峰，这树就好像生长在悬崖峭壁上一样。小悬崖的主干悬出盆外较短，少数枝叶布在盆面，但仍需要深盆。半悬崖的主干只有少许斜出盆外，并不向下悬挂，角度更小，大部分的枝叶都在盆面，所以栽种时可用较浅的盆子。

三、合栽式：十多株同一种类的树木，高高低低、疏疏密密地栽在一只浅而狭的长方盆中，树下配以若干块大小高低的英石或宣石，好像是一片山野间的树林，很为自然。

四、垂枝式：盆树有枝条太多太长，无法整形的，可将长条一根根屈曲攀扎下来，形成垂柳的模样，这就叫做垂枝式。例如迎春、柽柳、金雀、枸杞、金银花、金茉莉、紫藤花等，枝条又长又多，都可用此式处理。

五、附石式：把盆树的根株根须附着在易于吸水的沙积石上，因吸收石块的水分而生长，或就石块的窟窿中加泥栽种，更为容易。这种附石式的盆景，既可将浅盆用土栽种，也可安放在瓷质或石质的水盘里，盛以清泉，陪以小块雨花石，分外美观。

总之，盆树的形态变化很多，能够入画的，才可称为上品，枯朽的老干，中空而仍坚实，自觉老气横秋。露根的老干，突起土面，有如龙爪一样。这些树木，都是山野间老树常有的美态，在盆景中也大可增加美观。盆树的整姿定形，一定要有充分的艺术修养和灵巧的手法，才不致因加工过度而成为矫揉造作，落入下乘。春秋佳日，要经常地出外游山玩水，从岩壑、溪滩、山野、村落以及崇山峻岭之间，可以找到不少奇树怪石，都是制作盆景的好材料，要随时随地多多留意，不可轻轻放过。平日还要经常观摩古今名画，可以作为盆景的范本，比自己没根没据想出来的，高明得多。我曾经利用沈周的《鹤听琴图》、唐寅的《蕉石图》、夏昶[3]的《竹趣图》、王烟客[4]的《新蒲寿石图》、齐白石的《独树庵图》等，依样画葫芦似的制成了几个盆景。像这样的取法乎上，不用说是更饶画意了。

【注释】

① 宣州白狭盆：用产于安徽省宣城市宁国的"宣石"而制成的盆子。宣石质地细致坚硬、性脆，摩氏硬度 6~7 度，颜色有白、黄、灰黑等，以色白如玉为主。

② 龚翔麟（1658—1733）：清代藏书家、文学家。号蘅圃。浙江仁和（今杭州）人。工词，与朱彝尊等合称"浙西六家"，著有《田居诗稿》《红藕庄词》。

③ 夏昶（1388—1470）：明代书画家，以画竹名世。字仲昭，江苏昆山人。

④ 王烟客（1592—1680）：明末清初书画家。名时敏，本名赞虞，字逊之，号烟客。江苏太仓人。为"清初六大家"之一，开创山水画的娄东画派。

《吴山图》记

归有光

本文选自《震川集》(钦定四库全书本)。

归有光(1507—1571),明代散文家。字熙甫,号震川。江苏昆山人。嘉靖间进士,官长兴知县,南京太仆寺丞。著有《三吴水利录》《震川集》等。

本文为题画记,属序跋类。文章主旨是借吴县人赠画给魏用晦,魏在内廷时把这幅画给归有光看的事,写出魏氏去职以后吴县人民对他的思念之情,以及他对吴县人民的眷恋,道出了为官的职分。文章对《吴山图》的内容、笔意、技法几乎没有言及,但开头部分对吴地诸山和太湖的风景的描写,就虚写出画的命意、结体、气势,因为吴地有此画境,才能作出这幅画。这段对吴地山水的描写,似凌空而观,聚山川于眼底,述说时又迤逦而来,气势磅礴,为后面叙赠画和念吴之事埋下了很好的伏笔。

吴、长洲二县在郡治所①,分境而治。而郡西诸山皆在吴县,其最高者,穹窿、阳山、邓尉、西脊、铜井②,而灵岩,吴之故宫在焉,尚有西子之遗迹③。若虎丘、剑池及天平、尚方、支硎④,皆胜地也。而太湖汪洋三万六千顷,七十二峰沉浸其间,则海内之奇观矣。

余同年⑤友魏君用晦为吴县,未及三年,以高第召入⑥,为给事中。君之为县,有惠爱,百姓扳留之不能得,而君亦不忍于其民,由是好事者绘《吴山图》以为赠。

夫令之于民诚重矣。令诚贤也,其地之山川草木亦被其泽而有荣也;令诚不贤也,其地之山川草木亦被其殃而有辱也。君于吴之山川盖增重矣,异时吾民将择胜于岩峦之间,尸祝于浮屠、老子之宫也固宜⑦。而君则亦既去矣,何复惓惓⑧于此山哉?昔苏子瞻称韩魏公去黄州四十余年⑨,而思之不忘,至以为思黄州诗,子瞻为黄人刻之于石,然后知贤者于其所至,不独使其人之不能忘,而己亦不能自忘于其人也。

君今去县已三年矣,一日与余同在内庭⑩,出示此图,展玩太息,固命余记之。噫!君之于吾吴有情如此,如之何而使吾民能忘之也?

【注释】

① 吴、长洲二县在郡治所:吴县和长洲县的县治在苏州府的府城。吴、长洲两县,明清皆属苏州府,民国时并为吴县。

② 穹窿:山名,在苏州西南。阳山:在苏州西北。邓尉、西脊、铜井,皆在苏州西南。邓尉山多梅树,花时一望如雪,号为香雪海。

③ 灵岩:在苏州西。春秋时吴王夫差筑馆娃宫于此。西子之遗

迹：指响屧廊、西施洞、玩月池等。西子，即西施。

④ 天平、尚方、支硎：俱山名，均在苏州西南部。天平，山势峭峻奇险，宋代名臣范仲淹祖坟在此。尚方，今称上方，位于石湖西北。支硎，以东晋名士支遁（号硎）隐居于此得名。

⑤ 同年：科举时期，同一年考取举人或进士的，彼此间互称"同年"。

⑥ 高第：此指吏部考核成绩优异，列在高等。召入：被皇帝召进朝廷。

⑦ "尸祝于浮屠、老子之宫也固宜"句：在佛寺或道观中向神祷告，（为魏君求福），那是应该的。尸、祝，古代掌祭祀之人，这里用作动词，求福。浮屠，梵语音译，佛寺。老子之宫，即道观。道教尊老子为祖师。

⑧ 惓惓（quánquán）：恳挚的样子。此有思念不忘意。

⑨ "昔苏子瞻称韩魏公"句：事见《书韩魏公黄州诗后》。子瞻，苏轼字。韩魏公，即韩琦，北宋名相，封魏国公。

⑩ 内庭：宫禁以内。此指朝房。"庭"同"廷"。

《江南卧游册》题词（三则）

李流芳

本文选自《苏州山水名胜历代文钞》（三联书店 2010 年版）。

李流芳（1575—1629），明代文学家、画家。字长蘅，号沧庵、慎娱居士。嘉定（今属上海市）人。万历末举人。性好山水，喜与山僧、船工交往。擅画山水，笔墨峻爽。其文以精隽著称，著有《檀园集》《西湖卧游图题跋》等。

《〈江南卧游册〉题词》是作者为自己记忆中的山水景胜所作的画题写的跋。南朝宋画家宗炳晚年把自己所游览过的风景名胜"皆图之于室"，"卧以游之"，后人遂将老年人的回忆山水画名之为"卧游图"。题中名"册"，当为册页。

书画跋是一种篇幅短小，体制和写法相当灵活的文体。选入的三则，《横塘》着重于描绘乡村野景，叙述冒风登横山的经过。《石湖》在概述石湖各个景点的分布后，讲说了戊申间偕友冒雨登至半山游治平寺的经过,回想前事,思及友人已亡,不胜感慨。《灵岩》把积想成梦、梦游吟诗的虚境和戊申登临的实境结合起来写,显得玄妙空灵。作者用笔凝练,不多几个字就勾出了一个画境,如写村野风光,"有美松竹,小桃方花";写雨中上方山、石湖,仅用了"山水如洗"四字。作者长于诗,以诗证文,以诗补文之不足,散韵相间,别有情趣。

横　塘

去胥门九里,有村曰横塘,山夷水旷,溪桥映带村落间,颇不乏致。予每过此,觉城市渐远,湖山可亲,意思豁然,风日亦为清朗。即同游者,未喻此乐也。

横塘之上为横山。往时曾与潘方孺阻风于此,寻径至山下,有美松竹,小桃方花,恍若异境,因相与攀跻①至绝顶,风怒甚,几欲吹堕。二十年事也。

丁巳②中秋后三日画于孟阳阊门寓舍,九月复同孟阳至武林③,夜雨泊舟朱家角补题。

石　湖

石湖在楞伽山④下。寺于山之巅者曰上方,逶迤而东,冈峦渐夷,而上下起伏者曰郊台,曰茶磨寺,于郊台之下者曰治平,跨湖而桥者曰行春,跨溪而桥达于酒城者曰越来。湖去郭不十里而近,故游者易至,然独盛于登高⑤之会,倾城士女皆集焉。

戊申⑥九日，余与孟髯同游，值风雨，游人寥落，山水如洗，著屐至治平寺，抵暮而还。有诗云："客思逢重九，来寻雨外山。未能凌绝顶，聊共泊西湾。茶磨风烟白，薇村木叶斑。谁言落帽会⑦，不醉复空还。"山下有紫薇村，髯尝居于此，今已作故人矣，可叹。

灵　岩

余往来西山，数过灵岩山下。戊申秋日，始得与起东及其二子梁瞻、雍瞻一登，馀皆从舟中遥望其林石之秀而已。

灵岩为馆娃旧址⑧，响屟廊⑨、采香径⑩、琴台皆在其上。石上有陷痕如履，相传以为西施履迹，殆不可信。少时梦与友人至此僧舍作诗，醒时记有"松风水月皆能说"之句。辛亥⑪同家弟看梅西碛，过灵岩，诗云："灵岩山下雨绵绵，香迳琴台云接连。忆得秋山黄叶路，松风水月梦中禅。"盖谓此也。

丁巳九月七日西塘舟中题。

【注释】

① 跻（jī）：登。

② 丁巳：明万历四十五年（1617）。

③ 武林：杭州的别称。

④ 楞伽山：上方山又称。

⑤ 登高：指重九（九月九日）登高。

⑥ 戊申：明万历三十六年（1608）。

灵岩山寺

⑦ 落帽会：晋人孟嘉为桓温参军，九月九日登龙山，僚佐群集。风忽吹落孟嘉之帽，孟竟未知觉。桓温遂命孙盛撰文调侃他。

⑧ 馆娃：宫名。吴王夫差曾在灵岩山上筑宫，给西施住。吴人称美女为娃，故称之为馆娃宫。

⑨ 响屧（xiè）廊：吴王宫内廊名，地为楩梓木板，行则有声，故名。屧，古代鞋子的木底，也泛指鞋。

⑩ 采香迳：在灵岩山前十里。相传为吴宫美女栽植鲜花香草处。

⑩ 辛亥：明万历三十九年（1611）。

游姑苏台记

宋 荦

本文选自《西陂类稿》(钦定四库全书本)。

宋荦(1634—1713),清代散文家、诗人。字牧仲,号漫堂,又号西陂。商丘(今河南商丘)人。任江苏布政使、江西巡抚、江苏巡抚、吏部尚书。著有《西陂类稿》《绵津山人诗集》等。

姑苏台,又名姑胥台,是吴王夫差离宫的所在。苏州亦由此得名。它是古代的文化遗址。其确切的位置,目前在学术界尚无定论。

寻访姑苏台,引起过许多学者的兴趣,《史记》曾有著录,北宋崔鹦写过《姑苏台赋》。尽管那里地僻路远,但人们的兴趣并不稍减。

文章的格局是游记中常用的,以时间为主线,随作者游踪所及,推出了一个又一个的画面。先述说游姑苏台的时间和途中所见,再写登上目的地姑苏台远眺,最后写了归程和同游的人。

文章平实,但也不乏情趣,写景写事,多用白描，用笔精炼，能揭示出事物的特点和情貌。同时，作者还能注意倾吐自己的感情，有时融景于情，让情缓缓地传出；有时直接抒情，但较有节制。

予再莅吴将四载，欲访姑苏台未果。丙子①五月廿四日，雨后，自胥江泛小舟，出日晖桥。观农夫插莳，妇子满田塍，泥滓被体，桔槔②与歌声相答，其劳苦殊甚。迤逦过横塘，群峰翠色欲滴。未至木渎二里许，由别港过两小桥，遂抵台下。

山高尚不及虎丘，望之，仅一荒阜耳。舍舟，乘竹舆③，缘山麓而东，稍见村落④。竹树森蔚，稻畦相错如绣。山腰小赤壁⑤，水石颇幽，仿佛虎丘剑池。夹道稚松丛棘，薝葡⑥点缀其间，如残雪，香气扑鼻。时正午，赤日炎歊⑦，从者皆喘汗。予兴愈豪，褰衣贾勇⑧，如猿猱⑨腾踏而上。陟其巅，黄沙平衍，南北十余丈，阔数尺，相传即胥台故址也，颇讶不逮所闻。

吾友汪钝翁⑩记称："方石中穿，传为吴王用以竿旌者；又矮松寿藤，类一二百年物。"今皆无有。独见震泽掀天涌日⑪，七十二峰出没于晴云氲淼中⑫。环望穹窿、灵岩、高峰、尧峰诸山，一一献奇于台之左右。而霸业销沈，美人黄土，欲问夫差之遗迹，而山中人无能言之者，不禁三叹。

从山北下，抵留云庵。庵小有⑬泉石。僧贫而无世法⑭，酌泉烹茗以进。山中方采杨梅，买得一筐，众皆饱啖⑮，仍携其余返舟中。时已薄暮，饭罢，乘风容与⑯而归。

侍行者，幼子筠，孙韦金，外孙侯最⑰。六日前，子至方应试北上，不得与同游。赋诗纪事，怅然者久之。

【注释】

① 丙子：康熙三十五年（1696）。

② 桔槔（jiégāo）：一种汲水工具。木柱上端楔入一横木，横木一端挂一水桶，一端系重物，使两端交互上下，取水可以省力。此似指当时江南已普遍使用的龙骨水车。

③ 竹舆：亦称山轿，用竹木编成的舆床。

④ 稍见村落：渐渐看到村庄。稍，渐。落，人聚居的地方。

⑤ 小赤壁：景点名。汪琬《游姑苏台记》："池畔皆石坡，土人呼为小赤壁。"

⑥ 簷葡：植物名，来自西域。花黄色，六瓣，有清香。亦有人认为即栀子花。

⑦ 歊（xiāo）：气盛貌。

⑧ 褰（qiān）衣贾（gǔ）勇：提起衣襟，使出勇气。

⑨ 猱（náo）：一种长臂猿。

⑩ 汪钝翁：汪琬，号钝庵，"翁"是对老人的尊称。

⑪ 震泽：太湖古名。掀天涌日：波浪翻腾，像是搅动天空，吞没太阳。

⑫ 潚淼（xiāomiǎo）：水势浩荡。

⑬ 小有：稍有。

⑭ 世法：指常人的生活方式。系对僧人"出世法"而言，法，佛教用语，一切事物。

⑮ 啖（dàn）：吃。

⑯ 容与：悠闲自在的样子。

⑰ 聂：读 zhèng。

石　湖

郑振铎

本文选自 1958 年 1 月 4 日《人民日报》。

郑振铎（1898—1958），作家、文学史家、文物学家。笔名西谛。原籍福建长乐，生于浙江永嘉。早年参加"五四"学生爱国运动，后长期从事文学创作与研究以及编辑工作。中华人民共和国建立后，担任中央文化部副部长。此文写于 1956 年和 1957 年两次来苏州游石湖之后。

第一次游石湖，是写船上的所见，笔墨疏淡，着重介绍了范成大其人以及他与石湖的关系。第二次游石湖，是从陆路去的，写了范成大祠内的状况和登山所见的风光。作者知识博洽，表述着眼于和所写题材关系最密切的事物，取舍得当。景物描写朴实具体，让人有身临其境之感。

前年从太湖里的洞庭东山回到苏州时，曾经过石湖。坐的是一只小火轮，一眨眼间，船由窄窄的小水口进入了另一个湖。那湖要比太湖小得多了，湖上到处插着蟹簖和围着菱田。他们告诉我："这里就是石湖。"我矍然的站起来，在船头东张西望的，想尽量地吸取石湖的胜景。见到湖心有一个小岛，岛上还残留着东倒西歪的许多太湖石。我想："这不是一座古老的园林的遗迹么？"

是的，整个石湖原来就是一座大的园林。在离今八百多年前，这里就是南宋初期的一位诗人范成大（1126—1193）的园林。他和陆游、杨万里同被称为南宋三大诗人。成大因为住在这里，就自号石湖居士，"石湖"因之而大为著名于世。杨万里说："公之别墅曰石湖，山水之胜，东南绝境也。"我们很向往于石湖，就是为了读过范成大的关于石湖的诗。"石湖"和范成大结成了这样的不可分的关系，正像陶渊明的"栗里"，王维的"辋川"一样，人以地名，同时，地也以人显了。成大的《石湖居士诗集》，吴郡顾氏刻的本子（1688年刻），凡三十四卷，其中歌咏石湖的风土人情的诗篇很不少。他是一位中国文学史上重要的田园诗人，继承了陶渊明、王维的优良传统，描写着八百多年前的农民的辛勤的生活。他的《四时田园杂兴》六十首，就是淳熙丙午（1186）在石湖写出的，在那里，充溢着江南的田园情趣，像读米芾和他的儿子米友仁所作的山水，满纸上是云气水意，是江南的润湿之感，是平易近人的熟悉的湖田农作和养蚕、织丝的活计，他写道：

> 昼出耘田夜绩麻，村庄儿女各当家。
> 童孙未解供耕织，也傍桑阴学种瓜。

农村里是不会有一个"闲人"存在的,包括孩子们在内。

> 垂成穑事苦艰难,忌雨嫌风更怯寒。
> 笺诉天公休掠剩,半偿私债半输官。

他是同情于农民的被剥削的痛苦的。更有连田也没有得种的人,那就格外的困苦了。

> 采菱辛苦废犁锄,血指流丹鬼质枯。
> 无力买田聊种水,近来湖面亦收租。

他住在石湖上,就爱上那里的风土,也爱上那里的农民,而对于他们的痛苦,表示同情。后来,在明朝弘治间(1488—1505年),有莫旦的,曾写了一部《石湖志》,却只是夸耀着莫家的地主们的豪华的生活,全无意义。至今,在石湖上莫氏的遗迹已经一无所存,问人,也都不知道,是"身与名俱朽"的了。但范成大的名字却人人都晓得。

去年春天,我又到了洞庭东山。这次是走陆路的,在一年时间里,当地的农民已经把通往苏州的公路修好了。东山的一个农业合作社里的人,曾经在前年告诉过我:

"我们要修汽车路,通到苏州,要迎接拖拉机。"

果然,这条公路修好了,如今到东山去,不需要走水路,更不需要花上一天两天的时间了,只要两小时不到,就可以从苏州直达洞庭东山。我们就走这条公路,到了石湖。我们远远地望见了渺茫的湖水,安静地躺在那里,似乎水波不兴,万籁皆寂。渐渐地走近了,湖山的胜处也就渐渐地豁露出来。有一座破旧的老屋,总有三进深,首先唤起我们注意。前厅还相当完整,但后边却很破旧,屋顶已经可看见青天了,碎瓦破砖,抛得满地。墙垣也塌颓了一半。这就是范成大的祠堂。墙壁上还嵌着他写的《四时田园杂兴》的石刻,但已经不是全部了。我们在湖边走着,在不高的山上走着。四周的风物秀隽异常。满盈盈的湖水一直溢拍到脚边,却又温柔地退回去了,像慈母抚拍着将睡未睡的婴儿似的,它轻轻地抚拍着石岸。水里的碎瓷片清晰可见。小小的鱼儿,还有顽健的小虾儿,都在眼前游来蹦去。登上了山巅,可望见更远的太湖。太湖里点点风帆,历历可数。太阳光照在

石湖

潾潾的湖水上面，闪耀着金光，就像无数的鱼儿在一刹那之间，齐翻着身。绿色的田野里，夹杂着黄色的菜花田和紫色的苜蓿田，锦绣般地展开在脚下。

这里的湖水，滋育着附近地区的桑麻和水稻，还大有鱼虾之利。劳动人民是喜爱它的，看重它的。

"正在准备把这一带全都绿化了，已经栽下不少树苗了。"陪伴着我们的一位苏州市园林处的负责人说道。

果然有不少各式各样的矮树，上上下下，高高低低地栽种着。不出十年，这里将是一个很幽深新洁的山林了。他说道："园林处有一个计划，要把整个石湖区修整一番，成为一座公园。"当然，这是很有意义的，而且东山一带已将成为上海一带的工人的疗养区，这座石湖公园是有必要建设起来的。

他又说道："我们要好好地保护这一带的名胜古迹，范石湖的祠堂也要修整一下。有了那个有名的诗人的遗迹，石湖不是更加显得美丽了么？"

事隔一年多，不知石湖公园的建设已经开始了没有？我相信，正像苏州—洞庭东山之间的公路一般，勤劳勇敢的苏州市的人民一定会把石湖公园建筑得异常漂亮，引人入胜，来迎接工农阶级的劳动模范的游览和休养的。

游天平山记

高 启

本文选自《高太史凫藻集》(《四部丛刊》本)。

高启(1336—1374),诗人。字季迪,长洲(今江苏苏州)人。元末隐居吴淞青丘,自号青丘子。明洪武元年(1368)入朝,授翰林院编修。洪武三年(1370)拟授户部右侍郎,不受,被赐金放还。后受朱元璋疑忌,借故杀害。著有《高太史扣舷集》《高太史凫藻集》等。

天平山为苏州著名风景区,因山顶平整如台而得名。山多裂隙奇石,有"万笏朝天"之称。山不甚高,但路窄而险峻,攀登有些难度。高启这次重阳节偕友登山,先欣赏山间竹石掩映的秀美景致,聆听了如琴筑一般的泉溪之声,再登山品泉,复至龙门,入石屋(即今之所谓"一线天")。继而离群攀登山顶,观赏吴地绝佳风景。迷路后,由樵夫引导下山,与友人赏菊饮酒。

情由景生,也由景移。在天平山下和登上山顶见到景色之美时，作者的心情是愉悦的，但在进入石屋时，顿生"懔然若将压者"的感觉。下山时，"日欲暮，大风忽来，洞谷啥呀，鸟兽鸣吼"，又惊慌失态。这样一些描写，不能不说是当时的形势以及他个人的处境在审美过程中的曲折反映。作者游天平时，元末农民起义已持续了十年，天下大乱，苏州当时虽然还是一方乐土，但作者有着好景不长的担忧。

　　至正二十二年①九日九日，积霖既霁，灏②气澄肃。予与同志之友以登高之盟不可寒也，乃治馔载醪③，相与指天平山而游焉。

　　山距城西南水行三十里。至则舍舟就舆，经平林浅坞间，道傍竹石蒙翳，有泉伏不见④，作泠泠⑤琴筑声。予欣然停舆听，久之而去。至白云寺，谒魏公祠，憩远公庵，然后由其麓狙杙以上⑥。山多怪石，若卧若立，若搏若噬，蟠拏撑拄⑦，不可名状。复有泉出乱石间，曰白云泉，线脉萦络，下坠于沼；举瓢酌尝，味极甘冷。泉上有亭，名与泉同。草木秀润，可荫可息。过此，则峰回磴盘，十步一折，委曲而上，至于龙门。两崖并峙，若合而通，窄险深黑，过者侧足。又其上有石屋二：大可坐十人，小可坐六七人，皆石穴，空洞，广石覆之如屋。既入，则懔然若将压者，遂相引以去。至此盖始及山之半矣。

　　乃复离朋散伍，竞逐幽胜。登者，止者，哦者，啸者，惫而喘者，恐而呲者，怡然若有乐者，怅然俯仰感慨若有悲者：虽所遇不同，然莫不皆有得也。

　　予居前，益上，觉石益怪，径益狭，山之景益奇，而人之力益以惫矣。顾后者不予继，乃独褰裳奋武⑧，穷山之高而止焉。其上始平旷，坦石为地，拂石以坐，则见山之云浮浮，天之风飔飔⑨，太湖之水渺乎其悠悠。予超乎若举，泊乎若休⑪，然后知山之不负于兹游也。既而欲下，失其故路，树隐石蔽，愈索愈迷，遂困于荒茅丛筱⑫之间。时日欲暮，大风忽来，洞谷晗呀⑫，鸟兽鸣吼。予心恐，俯下疾呼，有樵者闻之，遂相导以出。至白云亭，复与同游者会。众莫不尤予好奇之过，而余亦笑其惟怯颓败，不能得兹山之绝胜也。

于是采菊泛酒，乐饮将半。予起，言于众曰："今天下板荡⑬，十年之间，诸侯⑭不能保其国，大夫、士之不能保其家，奔走离散于四方者多矣。而我与诸君蒙在上者之力，得安于田里，抚佳节之来临，登名山以眺望，举觞⑮一醉，岂易得哉！然恐盛衰之不常，离合之难保也，请书之于石，明年将复来，使得有所考焉。"众曰："诺！"遂书以为记。

【注释】

① 至正二十二年：公元1362年。

② 灏（hào）：水势大。

③ 醪（láo）：酒。

④ 见：通"现"。

⑤ 泠泠（línglíng）：清凉。

⑥ 狙杙（jūyì）以上：扯着棍子像猴子一样攀援而上。狙，猕猴；杙，小棍子。

⑦ 蟠拿撑拄：盘曲着，互相拉扯着，支撑着，依靠着。

⑧ 褰裳奋武：提起衣裳，迈开脚步。半步为武。

⑨ 飂飂（liúliú）：高风，西风。

⑩ 泊乎若休：恬静淡泊，像止息了一切欲望。泊，恬静淡泊。休，停止。

⑪ 丛筱（xiǎo）：竹林。筱，小竹子。

⑫ 唅呀（hānxiā）：同"谽岈"，山谷幽深的样子。

⑬ 板荡：此指政局混乱，动荡不宁。《诗经·大雅》有《板》《荡》两篇，都是写周厉王无道的。

⑭ 诸侯：原指分封的各国的国君，后引申为控制一方的军政长官。

⑮ 觞（shāng）：饮酒器。

秋山红叶

沙　白

本文选自《江苏散文选（1984）》（江苏人民出版社 1984 年版）。

沙白（1925—　），作家。原名李涛、李乙，后改名理陶。江苏如皋人。著有诗集《走向生活》《杏花　春雨　江南》等。

天平山的胜景，除了有高启《游天平山记》中所提到的名泉、怪石以外，还有范文正公忠烈庙（范文正公祠）和范氏祖坟，秋深时还可见到满山红枫。由于观赏者游览的时间和心情各有不同，游记中要表现的重点也有所不同。沙白来天平之时，恰好是枫红季节，又是雨天，他着力写了雨中红的枫叶和黄的桑榆、绿的松柏，在山道上方搭成一道彩色长廊，落叶在地上铺成一条五彩斑斓的地毯，游人各种颜色的伞在长廊中移动的亮丽的风景线，没有一点萧飒的味道。更值得注意的是他对范仲淹足迹的寻访，借"导游"的嘴，讲出了有关"范坟"

的传说，再由地及人，概述和评价了范仲淹的功业和道德文章。文章笔无藏锋，赏景、怀古、论今，以红叶贯串起来，显得比较自然。

偶然翻阅旧年手记，从中发现一片三角枫的红叶，以及随手记下的一首小诗：

"碧云天，黄叶地……"
默吟着范仲淹的旧词，
我踩着层层石级
来寻他当年的足迹。
雨中拾起红叶一片，
想着洞庭湖正秋色无际；
回首问身边游山少年
可曾读过《岳阳楼记》……

诗和红叶让我记起去年秋天的一次天平山之游。

去秋十月，我去了一趟姑苏，在洞庭东山住了两天，徜徉于太湖之滨，远眺湖上远远近近的峰峦和缓缓移动的帆影，欣赏漫山坡苍翠的橘林以及橘林中似火种闪烁的"洞庭红"，甚至还尝到了那清香扑鼻、甘甜中透着微酸的"早红"，秋光秋色灌满心胸。偏偏在离开的前夕，淅淅沥沥下起秋雨。冷雨敲打着雕花大楼（现在是招待所了）的天窗，无法成眠。早晨起身，才知不仅下雨，而且刮着东北大风，气温也骤然下降，眼看乘船横渡太湖去洞庭西山的愿望落空了，乃决计到车站买票回苏州。上车之后，忽然想起天平山来，车到木渎，便中途下车了。

　　还是在春天，我就有过重游天平山的打算。那是走在苏北沿海的范公堤上想起的。当时，我从报上看到一则消息，滨海某县有一些干部刮起一阵侵占农田、大造私宅的歪风，我有意前去看看那些走在群众和现实生活前面的城郊"小别墅"。到该县之后，在新屋的群落周围兜了几圈，透过花墙或偶尔开着的大门，窥望了几处广敞的庭院和高大的屋宇。回招待所的路上经过一座烈士园林，又在那些占着五尺黄土的烈士墓之间久久踯躅，觉得心头阻塞着什么。便借了一辆自行车，想到黄海边上让无边的空阔和咸味的海风涤荡一番。车行在铺着槐荫的范公堤上，槐花的清香盖过大海的腥味。不禁想起那个以"先天下之忧而忧，后天下之乐而乐"的名言为人们所熟知的范仲淹来。（当然也想到刚刚见到的高屋大院，这些善于经营自己的安乐窝的人，倒有点"先天下之乐而乐"的味道。）据说，范仲淹倡议修筑这道长数百里、造福后代子孙的范公堤时，不过是海滨一个小县的小小盐官而已。想到范仲淹，便想到范仲淹的"故山"——天平山。三十年前我到过一次天平，当时年轻力壮，一日之间走遍了虎丘、灵岩、天平和几座园林，对天平山只留下个满山怪石的印象。走在范公堤上，便萌生了再到苏州定当重访范公故山的念头。

　　下了长途汽车，秋雨仍然下个不住。买了一把布伞，便乘上去天平山的公共汽车。天平山以枫叶胜。下得车来，便见十余株又高又大的枫树，满树枫叶已是一片火红，宛如一堆堆淋不湿的火焰。有一些，不禁雨打风吹，纷纷从树上翩翩飘落而下，地上也是落红点点。雨天游人不多，被风雨打落的红叶还那么鲜艳明丽，倒叫人有些不忍下脚。山上，杂植着枫树、松柏和各种杂树，红的枫叶，黄的桑榆，

天平山红枫

绿的松柏,在登山道上方搭起一条彩色的长廊。而一层层石级上,则铺满了各种颜色的落叶,仿佛一条长长的五彩斑斓的地毯。虽说下雨,却也不断有游客登山。时有黄伞、黑伞、花伞在树木的长巷中、在彩色的长廊下缓缓移动。也许他们怀着一个信念:迈过险峻的"龙门",穿过狭窄的"一线天",走过怪石嶙峋的崎岖山道,登上峰顶"上白云",就会雨收风逝,头顶上高悬一轮红彤彤的太阳。

我的目的不在于登山,而在寻访三十年前忽略了的范仲淹的足迹。听说天平山又叫范坟山,是宋朝皇帝赐给范家的"赐山",所以我第一个要寻的是"范坟"。一位头戴斗笠、身披蓑衣的热心的"导游",把我领到了山的左侧,指着一座门前有石牌坊、埋在荒草堆里的坟墓,告诉我这就是"范坟"。残碑断碣,雨中实难辨认。我有些儿不信,他却说所谓范坟,并不是范文正公的墓,不过是他家的祖坟而已。雨中走了好长一段山路,面对这样一座荒冢,未免有点扫兴。他却兴冲冲告诉我一个关于"范坟"的传说——

范仲淹在京城做了大官,回到故乡苏州,奉承者不乏其人。有个风水先生,在苏州城内看中了一块风水宝地,在这里建造住宅,将来子孙科甲不断,富贵无尽。他请范仲淹把府第建在那里。可是范仲淹却在那里修了孔庙和府学,并说既是福地,该由全城人同享。另一个风水先生认为天平山石头如乱箭穿胸,山坞是块绝地,切切不可在这里营造坟墓,不然将子孙衰微,做不了官。范仲淹却买下这块绝地作为祖坟。谁知下葬之后,突降暴雨,山上石头都像早朝时的笏一样竖了起来。这就是天平山"万笏朝天"的来源。

这个传说,充满迷信色彩,显然是从"先天下之忧而忧,后天下之乐而乐"这句名言中附敷会而来。但是民间传说也往往表现出人民的爱憎。一个封建时代的官吏，竟能千百年赢得人民爱戴，大约不仅因为他能舞文弄墨，写了篇《岳阳楼记》，且有这么两句传诵一时的警句而已。于是我又想起沿海的范公堤，想起他所主张的新政十议，想起守卫西北边防时西夏人称他为"小范老子"的种种。人心是秤。在那种清正廉明的官吏寥若晨星的封建社会里，谁为国家、人民做过一点好事，人民都会记得他的。

传说他小时候家境贫寒，在天平山下的咒钵庵中专心读书，晨起烧一锅粥，让它冻结成块，划成几份，分顿充饥。有时连咸菜也没有，只得代之以盐。这就是有名的"断齑划粥"的故事。大约他少时颇知人民疾苦，做了官后并未忘记干净，才为人民做了一些好事，并说出"处庙堂之高则忧其民"的话。而后一句"处江湖之远则忧其君"则表现了他封建的忠君思想，"君"该改为"国"才是。可惜的是，这位热心的"导游"却不知道咒钵庵何在，我终于没有找到，不无遗憾。

告别了"导游"，我的小黑伞就参加进那些花伞、黄伞组成的行列，开始举步登山。这时，正秋风瑟瑟，秋雨霏霏。头顶上，只见黄叶乱飞，红叶飘舞。走到山腰白云泉，我的小黑伞也变成小花伞了。于是，跨进茶楼，要了一杯用钵盂泉的清泉泡的绿茶，凭栏品尝起来。白云泉因白居易的诗"天平山上白云泉，云本无心水自闲。何必奔冲山下去，更添波澜向人间"而得名。崖壁石罅中，泉水注出如线，又叫"一线泉""钵盂泉"，有"吴中第一泉"之称。对于泉水水质好坏我是外行，更难品出"第一""第二"来。栏外的雨中秋色，却让我想起范仲淹的词来："碧云天，黄叶地，秋色连波、波上寒烟翠……明月楼高休独倚，酒入愁肠、化作相思泪。"这是小学时代摹写"星录小楷"时记下的。想不到这位"小范老子"也有他感情的另一面。而这种似水柔情,似乎并未影响他清廉刚正的主要一面。范仲淹留下的词不过五首,每一首都脍炙人口,词名似乎超过某些以数量取胜者。我则更喜欢他写边塞生活的《渔家傲》。"四面边声连角起","长烟落日孤城闭"的场景,"浊酒一杯家万里,燕然未勒归无计"的心情,跃然纸上,扣人心弦。"将军白发征夫泪"之"泪",总是要比"酒入愁肠、化作相思泪"之"泪",要沉重一些。

下得山来,我想起"洞庭波兮木叶下"的诗句,想着岳阳楼前洞庭湖上此刻正是一派秋色。我在山下的枫林中捡起一片红叶。

"书中夹红叶,红叶颜色好。请君隔年看,真红不枯槁。"这是陈老总的诗句。天平山之游恰恰一年,夹在手记本中的这一片红叶,虽然干了,犹自红艳。天平山那些红似火焰的三角枫,那一派雨中的烂漫秋色,仿佛又重现在目前。

1982 年 10 月

虎 丘

袁宏道

本文选自《苏州山水名胜文钞》(三联书店 2010 年版)。

袁宏道(1568—1610),明代诗人、散文家。字中郎。湖北公安人。万历进士,曾任吴县县令,官至吏部郎中。他性情洒脱,淡于宦途进取,但做地方官时能体贴民艰,有政声。其山水小品状物逼真,生动灵透。

《虎丘》是袁宏道离开苏州以后所追记的。袁宏道在苏州任官两年,六次游览虎丘,可见对虎丘这一景胜的激赏。本文是综合六次游览的所见和所感而作。文章前半部分是文章的重点,写了中秋之夜苏城倾城出动游虎丘并举行盛大的音乐会的情景。作者勾出了一幅色彩秾丽的风俗画:人们饮酒斗歌,从月出之初到月浮中天,直到月影横斜;从唱者千百,淘汰成数十人,到三四辈,最后一夫登场,四座屏息;从雅俗既陈到竹肉相发,直到不用伴奏的清唱，把当时与会者的音乐欣赏水平和歌者的技艺水平表现得淋漓尽致，无怪乎几十年后另一位散文家慨叹，"使非苏州，焉讨识者！"

后面写作者对虎丘一些观景点——楼阁的评点规划，亦说在点子上。结尾抒发作者作为官员而和普通人民产生隔阂的一些感想，很有人情味，是明末一部分学人追求个性解放的思想表现。

虎丘去城可七八里，其山无高岩邃壑，独以近城故，箫鼓楼船，无日无之。凡月之夜，花之晨，雪之夕，游人往来，纷错如织，而中秋为尤胜。每至是日，倾城阖户①，连臂而至，衣冠士女②，下迨蔀屋③，莫不靓妆丽服，重茵累席④，置酒交衢间。从千人石上至山门，栉比如鳞，檀板⑤丘积，樽罍⑥云泻。远而望之，如雁落平沙，霞铺江上，雷辊电霍⑦，无得而状。

布席之初，唱者千百，声若聚蚊，不可辨识。分曹⑧部署，竞以歌喉相斗，雅俗既陈，妍媸自别。未几而摇首顿足者，得数十人而已。已而明月浮空，石光如练，一切瓦釜⑨，寂然停声，属而和者，才三四辈。一箫，一寸管，一人缓板而歌，竹肉相发，清声亮彻，听者魂销。比至夜深，月影横斜，荇藻⑩凌乱，则箫板亦不复用。一夫登场，四座屏息，音若细发，响彻云际，每度一字，几近一刻，飞鸟为之徘徊，壮士听而下泪矣。

剑泉深不可测，飞岩如削。千顷云⑪得天池诸山作案，峦壑竞秀，最可觞客。但过午则日光射人，不堪久坐耳。文昌阁亦佳，晚树尤可观。面北为平远堂旧址，空旷无际，仅虞山一点在望。堂废已久，余与江进之谋所以复之，欲祠韦苏州、白乐天诸公于其中，而病寻作。余既乞归，恐进之兴亦阑矣。山川兴废，信有时哉！

吏吴两载，登虎丘者六。最后与江进之、方子公同登，迟月生公石上，歌者闻令来，皆避匿去。余因谓进之曰："甚矣。乌纱之横，皂隶之俗哉！他日去官，有不听曲此石上者如月⑫！"今余幸得解官，称吴客矣，虎丘之月，不知尚识余言否邪？

【注释】

① 阖户：闭户。

② 衣冠士女：世族、士绅和青年男女。古代士以上阶层的人戴冠，故以衣冠指代有身份的人；士女，古代指未婚的男女。

③ 蔀（bù）屋：阴暗低矮的小屋，此指贫苦人家。

④ 重茵累席：重重叠叠的垫席。

⑤ 檀板：檀木制的拍板，供按节拍用。

⑥ 樽罍（léi）：皆为盛酒的器皿。

⑦ 雷辊（gǔn）电霍：雷声滚动，电光闪过。辊，滚，转动。

⑧ 分曹：分成若干组。古代职事分科称为曹。

⑨ 瓦釜：古代两种陶制的伴奏乐器，此指粗俗的音乐。

⑩ 荇藻：本为水生植物，此指花木的影子。

⑪ 千顷云：指千顷云阁，在虎丘寺方丈室前朝西，以苏轼诗"云水丽千顷"而得名。在此可眺览苏州西部一带。

⑫ 如月：指证之词，即以月为证。

访古虎丘山

周瘦鹃

本文选自《苏州游踪》（金陵书画社 1981 年版）。

正像题目中"访古"两字所揭示的，《访古虎丘山》意在对虎丘作历史的、全面的介绍。文章是作者 20 世纪 50 年代末与友人同访虎丘后所写，洋溢着那个时代知识分子青春焕发的气息。文章开头从虎丘的历史沿革写起，接下去用移步换景的手法，先上山到塔边，再由这个景点中心转到致爽阁，下云岩寺大殿，下五十三参，到千人石，北进至剑池，再到三山门，探二仙亭，观第三泉石井、铁花岩、观音殿、真娘墓、憨憨泉、试剑石等，最后来到拥翠山庄，结束了这次虎丘之行。读此文，如听一饱学的长者领着你游虎丘，让你一边看，一边听他的指点评说：铺展开来的地方，原原本本，如数家珍；精要的地方，几个字点出了风神。

苏州好，蜡屐①虎丘来。塔影桥边看塔影，白莲池上白莲开；胜日此盘桓。

苏州好，蜡屐虎丘来。高阁凌云能致爽，生公说法剩空台，顽石已非顽。

苏州好，蜡屐虎丘来。石坐千人成集体，冷香阁上看湘梅，春晓冒寒开。

苏州好，蜡屐虎丘来。一角剑池流汩汩，品泉遥指铁花岩，陆羽也开颜。

苏州好，蜡屐虎丘来。装点后山齐绿化，呵成一气到前山，仿佛画屏开。

这是我歌颂苏州的近作望江南词一百首中的五首，是专为歌颂虎丘而作的。说虎丘，话虎丘，虎丘胜景不胜收，决不是我这五首山词所能概括得尽，这不过是个轮廓罢了。对于虎丘最有力的赞词，莫如《吴地记》中的几句话："虎丘山绝岩纵壑，茂林深篁，为江左丘壑之表。吴县太守褚渊过吴境，淹留数日，登览不足，乃叹曰：'昔之所称，多过其实。今睹虎丘，逾于所闻。'斯言得之矣。"不错，耳闻不如目睹，到了虎丘才会一样地赞叹起来的。何况解放以后这几年间，年年不断的加以整修，二山门外开了河，造了桥，修好了云岩寺塔、拥翠山庄；最近又整理了后山，跟前山打成一片，顿使这破败不堪的旧虎丘，一变而为朝气蓬勃的新虎丘，已成为广大劳动人民郊外的乐园。

开宗明义第一章，先得说一说虎丘的历史和传说。虎丘山又名海涌山，在城市西北八里许，高约十三丈，周约二百十丈，吴王阖闾葬在山中，当时以十万人造坟，临湖取土，用水银为灌，金银为坑，葬了三天,有白虎蹲踞坟上,因此取名虎丘。秦始皇东巡时,到了这里,要寻找给阖闾殉葬的扁诸、鱼肠等三千柄宝剑,正待发掘,却见一头虎当坟蹲踞着,始皇拔佩剑击虎,没有击中,却误中石上。那头虎向西逃跑二十五里,直到虎疁②才失踪了(虎疁即今之浒墅关)。始皇没有找到宝剑,而他所误击的石竟陷裂成池,因此叫做剑池。到了晋代,司徒王珣和他的弟弟司徒王珉把这山作为别墅,据说云岩寺塔所在,还是王珣的琴台遗址哩。唐代因避太祖名讳,改虎丘为武丘,可是唐以后,仍又沿称虎丘了。古今来歌颂虎丘的诗词文章很多,美不胜收,而我却偏爱宋代方仲荀的一首诗:"海涌起平田,禅扉古木间;出城先见塔,入寺始登山;堂静参徒散,巢喧乳鹤还;祖龙求宝剑,曾此凿孱颜。"我以为他这样闲闲着笔写虎丘,是恰到好处的。

是一个风好日丽柳绿桃红的大好春天,我怀着十分愉快而又带一些骄傲的心情,偕同苏州市文物保管委员会同人,走过了那条前年用柏油铺建的虎丘路,悠闲地踱上了虎丘山,先就来到了那座一千年来饱阅沧桑的云岩寺塔下,满脸堆着笑,抬头瞧着它,不由得默祷似的悄悄地对它说道:"祝贺您,塔老!"您终于受到了党的重视和关怀,今天已是第一批全国重点文物保护的一个单位了。过去您在黑暗统治的时间里,受尽了折磨,老是歪着头,破破烂烂地站在那里,寒伧得什么似的。解放以后,我们兀自为您担心,生怕您有一天会支撑不住而倒塌下来。经过了几年的调查研究,做好了充分的准备,才在一九五六年给您整修起来。有人以为你应该好好地打扮一下,穿上一件漂亮些的外衣;而我和几位文化界的朋友,却以为您一向是朴素惯了的,如果太漂亮了,就失去本来面目人家会不认识您的。末了还是依照我们的主张,仍然保持着您那朴素的风格。在整修过程中,我们在您这七层的身子里，发现了许多宝贵的文物，对于建筑、雕刻、丝织、刺绣、陶瓷、工艺各方面，都提供了有价值的历史艺术资料；并且从文字记载上，确定了您起建于公元九五九年，即周显德六年己未，而完成于公元九六一年，即宋建隆二年辛酉，屈指算来，您已足足达到了一千岁的高龄了。塔老，"今天我们来到这里，一方面祝贺您成了全国重点文物保护的单位，一方面也就祝贺您这一千岁的高寿，从此您即获得了新生，可以永久立于不败之地，与河山同寿了。"虽然我们可以直上第七层塔顶去一看苏州全市的新貌，只因限于时间没有上去，就在塔内的底层巡视了一周，商量今后怎样更好地来保护它。

出了塔，就到左旁的致爽阁去啜茗坐谈。这是山上最高的一个建筑物，前后左右都有长窗短窗，敞开时月到风来，真可致爽，使人胸襟为之一畅。凭着后窗望去，远近群山罗列，耸翠堆岚，仿佛是一幅山水大画屏，大可欣赏。阁中有老友蒋吟秋同志写作的一副对联："高丘来爽气，大地展东风"，书法遒劲，语句写实而会新意。可不是吗？高丘来爽气，在这里就可以充分体验得到；而遥望山下林林葱葱的新工厂新烟囱；虎丘公社到处绿油油的香花——茉莉、玳玳、玫瑰、珠兰——和农作物，工农业并驾齐驱，双双跃进，也就是大地展东风的说明。

从致爽阁拾级而下，向左转，到了云岩寺大殿前，走下那名为五十三参的五十三步石级，再向左去，过了那个传说当年清远道士的养鹤涧，沿着山路行进，就可达到那新经整修大片绿化的后山，这一带石壁的上面，有平远堂、小吴轩、玉兰房等美轮美奂的建筑物，高低起伏，错落参差，有如在画中仙山楼阁一般，都是可以远眺下望流连休憩的所在。在这里挹清风，曝暖日，送夕阳，延素月，尽可给你的四肢百骸，舒服地享受一下清福。

  虎丘的中心是千人石，是一块挺大的大盘石，坎坷高下，好像是大刀阔斧刻削而成，面积足有一二亩大，寸草不生，这是别的山上所没有的。北面有一座生公讲台，据说当时人们都坐在石上听生公说法，因此石壁上刻有篆书"千人坐"三字，就是说这里是可容千人列坐的。旧时另有一个传说：阖闾当年雇工千人造坟，坟里有许多秘密的机关，造成之后，怕被泄露出去，因下毒手，将这一千工人杀死，借此灭口，后人就把这块大盘石叫做千人石。清代诗人翁照有千人石夜坐诗云："幽寻常得好怀开，月冷风清独举杯，此景有谁能领略，千人石上一人来。"月夜独个儿到这里来喝酒，真所谓自得其乐了。

  这座生公讲台，又名说法台，是神僧竺道生讲经的所在。传说他讲经时因为没有人相信，就聚石作为徒众，对他们大谈玄理，石都领会而点起头来。白莲池的一旁有一块刻有篆体"觉石"二字的石，就是当时的点头石。这种神话，可发一笑；而"生公说法，顽石点头"后来却被用作成语了。白莲池周围一百三十多步，崚石旁出，中有石矶，名为"钓月"，池壁上刻有"白莲开"三字，古朴可喜。旧时又有一个神话，当生公说法的时候，正在严冬，而池中忽然开出千叶白莲花来，香远益清。现在池中也种有白莲花，洁白如玉，入夏可供观赏。

  穿过千人石而向北行进，见有两崖似被划开，中涵石泉一道，这就是剑池。池广六十多步，水深一丈有半，终年不干，可惜并不太清。崖壁上刻有唐代颜真卿所写的"虎丘剑池"四大字和宋代米元章所写的"风壑云泉"四大字，都是铁划银钩有骨有肉的好书法。旧时

虎丘剑池

传说秦始皇和孙权都曾在这里凿石找寻阖闾殉葬的宝剑和珍物，两人各无所得，而凿处就形成了这个深池；当年池水大概是很清的，可以汲饮，所以唐人李秀卿曾品为"天下第五泉"。宋代张栻③曾有剑池赞云："湛乎渊渟④，其静养也。卓乎壁立，其自守也。历四时而无云，其有常也。上汲而不穷，其川不胶也。其有似乎君子之德乎？吾是以徘徊而不能去也。"以池水一泓，而比作君子之德，确是极尽其赞之能事了。

我们这一次是专为访古而来，而探访云岩塔更是最大的任务；此外逢到古迹，也少不得要停一停，瞧一瞧，一路从剑池直到二山门，又探访了那个刻着陈抟像和吕纯阳像的二仙亭,那个曾由陆羽品为第三泉的石井;那个采取苏东坡"铁花绣岩壁"诗句而命名的铁花岩;那个利用就地山石雕成观世音像的石观音殿;那个历代艳名齐小小的真娘墓;那个一泓清味问憨憨的憨憨泉;那个相传吴王试过剑的试剑石;那个相传生公枕过头的枕头石。一路走,一路瞧瞧它们还是别来无恙,我们也就得到了安慰。冷香阁的梅花早已谢了,要看红苞绿萼,还须期之来年,因此过门不入,去而云他。最后就到了拥翠山庄,这一座山林中的小小园林,是当年赛金花的丈夫苏州状元洪文卿所发起兴建的。中有灵澜精舍、不波小艇、问泉亭等,气魄不大,而结构精巧,以文章作比,这可不是燕许大手笔,而是一篇六朝小品文。我们在这里流连半晌,便商量作归计;回头遥望云岩寺塔,兀立斜阳影里,仿佛正在那里对我们依依惜别呢。别矣虎丘,行再相见!

【注释】

① 蜡屐:涂蜡的木屐。

② 嚠:读 liú。

③ 张栻(1133—1180):诗人、学者。四川绵竹人。

④ 渊渟(tíng):高耸貌。

葑门荷宕

张　岱

选自《苏州山水名胜历代文钞》(上海三联书店 2010 年版)。

张岱（1597—1679），明末清初散文家。字宗子，号陶庵。山阴（今浙江绍兴）人。明亡，隐居剡溪山中。文章多故国之思。著有《琅嬛文集》《西湖梦寻》《石匮书》等。

六月二十四日去葑门荷宕（今黄天荡）赏荷，不知始于何时，是《溱洧》郑风士女聚会流风之所被，还是六朝采莲风俗的遗留，或者是晚明市民意识高涨的结果呢？袁宏道笔下记过，张岱大概是读了袁文，又值其时身在苏州，就加入这一聚会。作者对这个中国中古时代的水上"狂欢节"作了生动的描写，男性青年的轻狂，卖弄劲儿，女性青年故作凝重的神态，都跃然纸上。也许因为不是上古时期，不是六朝时代，所以不可能出现"鹢首徐回，兼传羽杯"式的情感交流的场面，只能是在"挤"

"集""涵"的场景中,图个情感的发泄。

张岱写荷宕之会时,已是国破家亡之际,回首前尘,总是半带依恋、半带嗟叹和嘲讽。

天启壬戌①六月二十四日,偶至苏州,见士女倾城而出,毕集于葑门外之荷花宕。楼船画舫至鱼艒小艇,雇觅一空。远方游客有持数万钱无所得舟,蚁旋岸上者②。余移舟往视,一无所见。

宕中以大船为经,小船为纬,游冶子弟,轻舟鼓吹,往来如梭。舟中丽人皆倩妆淡服,摩肩簇舄③,汗透重衫。舟楫之胜以挤,鼓吹之胜以集,男女之胜以涵,歊暑燂烁④,靡沸终日而已。荷花宕经岁无人迹,是日士女以鞋靸不至为耻。

袁石公曰:"其男女之杂,灿烂之景,不可名状。大约露帏则千花竞笑,举袂则乱云出峡,挥扇则星流月映,闻歌则雷辊涛趋。"⑤盖恨虎丘中秋夜之模糊躲闪,特至是日而明白昭著之也。

【注释】

① 天启壬戌:明天启二年(1622)。

② "楼船画舫……蚁旋岸上者",系化用袁宏道《荷花荡》中句:"荷花荡在葑门外,每年六月廿四日,游人最盛。画舫云集,渔刀小艇,雇觅一空。远方游客,至有持 数万钱,无所得舟,蚁旋岸上者。"

③ 舄(xì):加木底的鞋。泛指鞋。

④ 歊(xiāo)暑燂(tán)烁:炎热的暑天里烧得滚烫的菜粥。歊,炙热。燂,以菜和羹。

⑤ "袁石公"句,见《袁中郎全集·荷花荡》。石公,袁宏道的号。

又踏春风赏梅花

陈长荣

本文选自 2007 年 3 月 21 日《姑苏晚报》。

作者是一位文化学者,在记游中,传递出他对梅花独特的审美感知,使得本文有别一般的山水游记。

题目中"春风",点出了这次赏梅的时节,"又踏"暗写出赏梅乃是常事,显现出作者对梅花的酷爱之情。

文章从写去西山林屋洞赏梅的渴望得以实现入手,倾吐出自己的欢愉之情。接下去,随着作者身体的移动和视角的变化,从不同方位和角度去赏梅,由初入景区,抬头望去,万亩梅林,到登临闻梅阁俯瞰,茫茫梅海尽收眼底,直至穿行梅径,平视身接,从梅花的千姿百态中,领略出春的信息。最后进入由赏梅引发的思考,道出了我们民族梅文化的发展脉络,并从美学高度予以阐释。

全文视角从仰望(全景)到俯瞰(中景)到平

视（近景·特写），有如电影镜头转换，让我们饱览了林屋洞梅林的风景。又从观察中引申出思考，揭示出我们民族喜梅心理积淀形成的途径：由"传情的书写，逐步走向移情式与拟人化的情怀抒发"，移情、换位，诗人们将感情投射到冰清玉洁的梅花，又从梅花中观照卓然自树的自我，从而体察出自我的人格精神，这样既道出作者的赏梅情怀，又点出赏梅的最高境界。

融情入景，情由景生，就景生感，情使写景和说理融为一体，理语、景语也都化为情语，全文娓娓生情。

是乍暖还寒时节，有太湖赏梅之约，于是与十数文友结伴到西山看梅花去。

居住在苏州，当然观赏过太湖梅花，那盛产梅花的光福，被誉为江南三大赏梅胜地之一，"香雪海"的美名可够让外地人羡慕的，苏州本地人岂能少了这份眼福！而西山的梅花又是个什么景象呢？我曾几次路过，可错失花期，正所谓"寒梅最可恨，常作去年花"，无缘一睹西山梅花开放时的花容。这时日赏梅去，最是时候了。

踏上西山岛，进入林屋洞景区，抬头望去：千亩梅林，万株梅树，好一片浩瀚的梅海！她环抱着藏有林屋洞的那座小山，像是要烘托出山的伟岸，层层梅花堆砌而成的雪浪簇拥着山峰，峰顶上有座闻梅阁，上面题写"驾浮"二字，恰到好处地传达出遨游梅海的从容与逍遥。闻梅阁自是赏梅的制高点，于此处俯视，茫茫梅海尽收眼底，颇有一股蹈虚凌空的气势。不过，要真正体验赏梅的乐趣，还得走下山来，置身于梅树丛中，近距离地与梅花亲近。缓步行走于梅树掩映的弯曲小径上，呼吸着弥漫缕缕清香的空气，沁人心脾，神清气爽，令我们这些生活于喧嚣城市环境中的人深深地陶醉。沿着幽静的香径，我们一行人渐渐地进入梅海深处。那娇艳欲滴的红梅，翠碧如玉的绿梅，晶莹剔透的白梅，体态各有不同，总是摇曳生姿。这就是百花争艳的勃勃生机，细柔娇嫩的梅花总带来春的质地与春的气息。西山的梅花，香雪海的梅花，江南的梅花，"雪残风信，悠扬春消息""一枝先破玉溪春"，不都是报春之花吗？

穿行于梅径，不由得想起关于梅花的诗词来了。历代吟咏花草的诗词歌赋，当数以梅花为题者最多。文人墨客喜谈梅兰竹菊，而尤以梅者为先。文人爱梅，似是自古而然，不过，细细想来，之中亦有变迁的过程，可窥见梅文化演变的消息。现存最早的梅花诗，写于大约一千五百年前的南朝。"折梅逢驿使，寄与陇头人。江南无所有，聊赠一枝春。"这是把梅与春联系在一起的诗作，而"折梅赠远"从此也成了经典的传达友情的高雅文化举动。岁月漫漫，人与境迁。随着赏梅实践的延伸与审美心理的积淀，诗人们从描摹梅花物态以传情的书写，逐步走向移情式与拟人化的情怀抒发。这个明显的转折则出现于宋代的诗人身上。陆游以梅自况，称赞梅为"花中气节最高坚"，辛弃疾形容其"更无花态度，全是雪精神"，陈亮则说她"欲传春消息，不怕雪埋藏"，诗人不是着眼于花的姿态，而是瞩目于其"气节"与"精神"。这确实传递了文人与梅花相互之间关系发展的个中消息。后来文人写梅，大都意在自喻。寒梅本无意，诗人自多情。他们描写梅花，或誉其神清骨秀，或颂其高洁端庄，或赞其幽独超逸，其实均为对自身砥砺贞刚秀美品格与超凡脱俗气质的礼赞和期许。所谓"梅花是我，我是梅花"，取其凌霜傲雪，形神俱清，清丽、清纯、清幽、清雅，物我两忘，一片化境，这就进入到梅文化发展的更高阶段，也是赏梅的最高境界了。

  我这样在心中不停地默默咀嚼着古人的赏梅佳句,在太湖深处的梅林小径中悠然地信步走去,脚步不由得变得更加轻灵。面对着如此佳绝的一片西山梅林,感同身受,思绪涌来,也凑成这样几句,以记其行:

  又踏春风赏梅花,清嘉山气物幽华。
  何须另觅桃源境,湖畔村头住人家。

◎ 市廛幽巷 ◎

苏州文选 >>>

黄昏的观前街

郑振铎

本文原收入《海燕》（新中国书局1932年版），此据《黄昏的观前街》（博文书店1947年版）。

郑振铎于1931年前后，在北平清华大学、燕京大学和上海复旦大学任教。《黄昏的观前街》大约写于这一时期自北平返沪以后。

作者长期在上海工作，经常来苏州搜罗旧书，对苏州非常熟稔，但对此间市容并无甚好感。这次来苏，盘桓于黄昏的观前街，才真正体味到苏州的神韵，品赏到姑苏繁荣之中深蕴的仪态万千的美。

郑振铎主张散文要写得真率、质朴。他的大部分散文都显得比较拘谨，不多设色，意到为止。《黄昏的观前街》却是破格，秾腻工细，可谓思无遗物，言无遗思，笔墨放纵雄劲，是他兴到之笔。

《黄昏的观前街》写的是20世纪30年代苏州古城中心的商业街，对这条街的狭窄，人群的拥挤，夜色降临后人们的闲雅，仕女的娴静都有着生动的描绘。作者以海内外的名都大邑北平、上海、伦敦、巴黎、威尼斯与之相比,让人们品出苏州独特的情味。文章还运用博喻和较喻手法,极写自己于古城闹街中徜徉自得乃至于神迷的心态。

这篇文章有助于我们了解这样一句话:苏州的美凝聚在人文心态上。

我刚从某一个大都市归来。那一个大都市,说得漂亮些,是乡村的气息较多于城市的。它比城市多了些乡野的荒凉况味,比乡村却又少了些质朴自然的风趣。疏疏的几簇住宅,到处是绿油油的菜圃,是蓬蒿没膝的废园,是池塘半绕的空场,是已生了荒草的瓦砾堆。晚间更是凄凉。太阳刚刚西下,街上的行人便已"寥若晨星"。在街灯如豆的黄光之下,踽踽的独行着,瘦影显得更长了,足音也格外的寂寥。远处野犬,如豹的狂吠着。黑衣的警察,幽灵似的扶枪立着。在前面的重要区域里,仿佛有"站住!""口号!"的呼叱声。我假如是喜欢都市生活的话,我真不会喜欢到这个地方;我假如是喜欢乡间生活的话,我也不会喜欢到这个所在。我的天!还是趁早走了吧。(不仅是"浩然",简直是"凛然有归志"了!)

归程经过苏州,想要下去,终于因为舍不得抛弃了车票上的未用尽的一段路资,蹉跎的被火车带过去了。归后不到三天,长个子的樊与矮而美髯的孙,却又拖了我逛苏州去。早知道有这一趟走,还不中途而下,来得便利么?

我的太太是最厌恶苏州的,她说舒舒服服的坐在车上,走不了几步,却又要下车过桥了。我也未见得十分喜欢苏州;一来是,走了几趟都买不到什么好书,二来是,住在阊门外,太像上海,而又没有上海的繁华。但这一次，我因为要换换花样，却拖他们住到城里去。不料竟因此而得到了一次永远不曾领略到的苏州景色。

我们跑了几家书铺，天色已经渐渐的黑下来了，樊说，"我们找一个地方吃饭吧。"饭馆里是那末样的拥挤，走了两三家，才得到了一张空桌。街上已上了灯。楼窗的外面，行人也是那末样的拥挤。没有一盏灯光不照到几堆子人的，影子也不落在地下，而落在人的身上。我不禁想起了某一个大城市的荒凉情景，说道，"这才可算是一个都市！"

这条街是苏州城繁华的中心的观前街。玄妙观是到过苏州的人没有一个不熟悉的；那末粗俗的一个所在，未必有胜于北平的隆福寺，南京的夫子庙，扬州的教场。观前街也是一条到过苏州的人没有一个不曾经过的；那末狭小的一道街，三个人并列走着，便可以不让旁的人走，再加之以没头苍蝇似的乱攒而前的人力车，或箩或桶的一担担的水与蔬菜，混合成了一个道地的中国式的小城市的拥挤与纷乱无秩序的情形。

然而，这一个黄昏时候的观前街，却与白昼大殊。我们在这条街上舒适的散着步，男人，女人，小孩子，老年人，摩肩接踵而过，却不喧哗，也不推拥。我所得的苏州印象，这一次可说是最好。——从前不曾于黄昏时候在观前街散步过。半里多长的一条古式的石板街道，半部车子也没有，你可以安安稳稳的在街心踱方步。灯光耀耀煌煌的，铜的，布的，黑漆金字的市招，密簇簇的排列在你的头上，一举手便可触到了几块。茶食店里的玻璃匣，亮晶晶的在繁灯之下发光，照得匣内的茶食通明的映入行人眼里，似欲伸手招致他们去买几色苏制的糖食带回去。野味店的山鸡野兔，已烹制的，或尚带着皮毛

观前街旧影

的，都一串一挂的悬在你的眼前——就在你的眼前，那香味直扑到你的鼻上。你在那里，走着，走着。你如走在一所游艺园中。你如在暮春三月，迎神赛会的当儿，挤在人群里，跟着他们跑，兴奋而感到浓趣。你如在你的少小时，大人们在做寿，或娶亲，地上铺着花毯，天上张着锦幔，长随打杂老妈丫头，客人的孩子们，全都穿戴着崭新的衣帽，穿梭似的进进出出，而你在其间，随意的玩耍，随意的奔跑。你白天觉得这条街狭小，在这时，你才觉得这条街狭小得妙。她将你紧压住了，如夜间将自己的手放在心头，做了很刺激的梦；她将你紧紧的拥抱住了，如一个爱人身体的热情的拥抱；她将所有的宝藏，所有的繁华，所有的可引动人的东西，都陈列在你的面前，即在你的眼下，相去不到三尺左右，而别用一种黄昏的灯纱笼罩了起来，使他们更显得隐约而动情，如一位对窗里面的美人，如一位躲于绿帘后的少女。她假如也像别的都市的街道那样的开朗阔大，那末，你便将永远感不到这种亲切的繁华的况味，你便将永远受不到这种紧紧的挪压于你的全身，你的全心的燠暖而温馥的情趣了。你平常觉得这条街闲人太多，过于拥挤，在这时却正显得人多的好处。你看人，人也看你；你的左边是一位时装的小姐，你的右边是几位随了丈夫父亲上城的乡姑，你的前面是一二位步履维艰的道地的苏州佬，一二位尖帽薄履的苏式少年，你偶然回过头来，你的眼光却正碰在一位容光射人，衣饰过丽的少奶奶的身上。你的团团转转都是人，都是无关系的无关心的最驯良的人，你可以舒舒适适的踱着方步，一点也不用担心什么。这里没有乘机的偷盗，没有诱人入魔窟的"指导者"，也没有什么电掣风驰，左冲右撞的一切车子。每一个人都是那末安闲的散步着，散步着；川流不息的在走，肩摩踵接的在走，他们永不会猛撞着你身上而过。他们是走得那末安闲，那末小心。你假如偶然过于大意的撞了人，或踏了人的足——那是极不经见的事！他们抬眼望了望你，你对他们点点头，表示歉意，也就算了。大家都感到一种的亲切，一种的无损害，一种的无忧无虑的生活；大家都似躲在一个乐园中，在明月之下，绿林之间，优闲的微步着，忘记了园外的一切。

那末鳞鳞比比的店房，那末密密接接的市招，那末耀耀煌煌的灯光，那末狭狭小小的街道，竟使你抬起头来，看不见明月，看不见星光，看不见一丝一毫的黑暗的夜天。她使你不知道黑暗，她使你忘记了这是夜间。啊，这样的一个"不夜之城"！

"不夜之城"的巴黎，"不夜之城"的伦敦，你如果要看，你且去歌剧院左近走着，你且去辟加德莱圈散步，准保你不会有一刻半秒的安逸；你得时时刻刻的担心，时时刻刻的提防着，大都市的灾害，是那末多，每个人都是匆匆的走马灯似的向前走，你也得匆匆的走；每个人都是紧张着，矜持着，你也自然得会紧张着，矜持着。你假如走惯了黄昏时候的观前街，你在那里准得要吃大苦头。除非你已将老癖气改得一干二净。你假如为店铺中的窗中的陈列品所迷住了，譬如说，你要站住了仔仔细细的看一下，你准得要和后面的人猛碰一下，他必定要诧异的望了望你，虽然嘴里说的是"对不起"。你也得说，"对不起"，然而你也饱受了他，以至他们的眼光的奚落。你如走到了歌剧院的阶前，你如走到了那尔逊的像下，你将见斗大的一个个市招或广告牌，闪闪在发光；一片的灯火，映射得半个天空红红的。然而那里却是如此的开朗敞阔、建筑物又是那末的宏伟，人虽拥挤，却是那样的藐小可怜，taxi 和 bus[①] 也如小甲虫似的，如红蚁似的在一连串的走着。大半个天空是黑漆漆的，几颗星在冷冷的睐着眼看人。大都市的荣华终敌不住黑夜的侵袭。你在那里，立了一会，只要一会，你便将完全的领受到夜的凄凉了。像观前街那样的燠暖温馥之感，你是永远得不到的。你在那里是孤零的，是寂寞的，算不定会有什么飞灾横祸光临到你身上，假如你要一个不小心。像在观前街的那末舒适无虑的亲切的感觉，你也是永远不曾得到的。

有观前街的燠暖温馥与亲切之感的大都市，我只见到一个委尼司[②]；即在委尼司的 St. Mark 方场的左近。那里也是充满了闲人，充满了紧压在你身上的燠暖的情趣的；街道也是那末狭小，也许更要狭，行人也是那末拥挤，也许更要拥挤，灯光也是那末辉辉煌煌的，也许更要辉煌。有人口口声声的称呼苏州为东方的委尼司；别的地方，我看不出，别的时候，我看不出，在黄昏时候的观前街，我却深切的感到了。——虽然观前街少了那末弘丽的 Piazza of St. Mark[③]，少了那末轻妙的此奏彼息的乐队。

【注释】

　　① taxi 和 bus：出租汽车和公共汽车。
　　② 委尼司：通译威尼斯。
　　③ Piazza of St. Mark：圣马可广场。在意大利威尼斯，为该城中心。

虎丘酒楼

顾 禄

本文选自《桐桥倚棹录》(上海古籍出版社1980年版)。

顾禄,清代嘉庆、道光年间人。字铁卿。吴县(今江苏苏州)人。长期居住在虎丘山塘的抱绿渔庄。著有《清嘉录》和《桐桥倚棹录》。

本文原题《市廛》,置于卷十"市廛"类。《桐桥倚棹录》所记的都是清代中叶的生活。它以空间为主线,除山水、名胜、建筑、物产以外,还写了市廛、工商等。

《虎丘酒楼》不仅介绍了在虎丘一带的三家酒楼的分布状况、发展历史、经营特点,还详细地写出当时的菜谱及酒筵的规格、价格。其中穿插交代的酒楼内部的庭园布置、楹联匾额以及招揽顾客的手段,可以帮助读者了解酒楼经营者借助于文化氛围的营建以扩大影响的苦心。

以斟酌桥三山馆为最久,创于国初。壶觞有限,只一饭歇铺而已。旧名白堤老店。有往来过客道经虎丘者,设遇风雨,不及入城,即止宿于是。赵姓数世操是业,烹饪之技,为时所称。遂改置凉亭、暖阁,游者多聚饮于其家。乾隆某年,戴大伦于引善桥旁,即接驾楼遗址筑山景园酒楼,疏泉叠石,略具林亭之胜。亭曰"坐花醉月",堂曰"勺水卷石之堂"。上有飞阁,接翠流丹,额曰"留仙"。联曰:"莺花几纳①展,鰕②菜一扁舟。"又柱联曰:"竹外山影,花间水香。"皆吴云书。左楼三楹,扁曰"一楼山向酒人青"。程振甲书,摘吴蔚次《饮虎丘酒楼》诗句也。右楼曰"涵翠""笔峰""白雪阳春阁"。冰盘牙箸,美酒精肴。客至则先饷以佳荈③,此风实开吴市酒楼之先。金阊园馆,所在皆有。山景园、三山馆筑近丘南,址连塔影,点缀溪山景致,未始非润色太平之一助。且地当孔道,凡宴会祖饯④,春秋览古,尤便驻足。嘉庆二年任太守兆坰建白公祠于蒋氏塔影园故址,祠前筑塔影桥,于是桥畔有李姓者增设酒楼,名曰"李家馆"。亦杰阁连甍⑤,与山景园、三山馆鼎峙矣。今更名为"聚景",门停画舫,屋近名园,颇为海涌增色。三山馆四时不断烹庖,以山前后居民有婚丧宴会之事,多资于是,非若山景园、聚景园只招市会游展。每岁清明前始开炉安锅,碧槛红阑,华灯璀灿。过十月朝节,席冷樽寒,围炉乏侣,青望乃收矣。是以昔人有"佳节待过十月朝,山塘寂静渐无聊"之句。所卖满汉大菜及汤炒小吃则有:烧小猪、哈儿巴肉、烧肉、烧鸭、烧鸡、烧肝、红炖肉、黄香肉、木犀肉、口蘑肉、金银肉、高丽肉、东坡肉、香菜肉、果子肉、麻酥肉、火夹肉,白切肉、白片肉、酒焖踵⑥、硝盐踵、风鱼踵、绉纱踵、爊⑦火踵、蜜炙火踵、葱椒火踵、酱踵、大肉圆、炸圆子、溜圆子、拌圆子、上三鲜、汤三鲜、炒三鲜、小炒、爁火腿、爁火爪、炸排骨、炸紫盖、炸八块、炸里脊、炸肠、烩肠、爆肚、汤爆肚、醋溜肚、芥辣肚、烩肚丝、片肚、十丝大菜、鱼翅三丝、汤三丝、拌三丝、黄芽三丝、清炖鸡、黄焖鸡、麻酥鸡、口蘑鸡、溜渗鸡、片火鸡、火夹鸡、海参鸡、芥辣鸡、白片鸡、手撕鸡、风鱼鸡、滑鸡片、鸡尾扇、炖鸭、火夹鸭、海参鸭、八宝鸭、黄焖鸭、风鱼鸭、口蘑鸭、香菜鸭、京冬菜鸭、胡葱鸭、鸭羹、汤野鸭、酱汁野鸭、炒野鸡、醋溜鱼、爆参鱼、参糟鱼、煎糟鱼、豆豉鱼、炒鱼片、炖江鲚、煎江鲚、炖鲫鱼、汤鲫鱼、剥皮黄鱼、汤黄鱼、煎黄鱼、汤着甲、黄焖着甲、斑鱼汤、蟹粉汤、炒蟹斑、汤蟹斑、鱼翅蟹粉、鱼翅肉丝、清汤鱼翅、烩鱼翅、黄焖鱼翅、拌鱼翅、炒鱼翅、烩鱼肚、烩海参、十景海参、蝴蝶海参、炒海参、拌海参、烩鸭掌、炒鸭掌、拌鸭掌、炒腰子、炒虾仁、炒虾腰、拆炖、炖吊子、黄菜、溜卞蛋、芙蓉蛋、金银蛋、蛋膏、烩口蘑、炒口蘑、蘑菇汤、烩带丝、炒笋、荑肉、汤素、炒素、鸭腐、鸡粥、十锦豆腐、杏酪豆腐、炒肫肝、炸肫肝、烂熻脚鱼、炸骨脚鱼、生爆脚鱼、炸面筋、拌胡菜、口蘑细汤。点心则有：八宝饭、水饺子、烧卖、馒头、包子、清汤面、卤子面、清油饼、夹油饼、合子饼、葱花饼、馅儿饼、家常饼、荷叶饼、荷叶卷蒸、薄饼、片儿汤、饽饽、拉糕、扁豆糕、蜜橙糕、米丰糕、寿桃、韭合、春卷、油饺等，不可胜纪。盆碟则十二、十六之分，统谓之"围仙"，言其围于八仙桌上，故有是名也。其菜则有八盆四菜、四大八小、五菜、四荤八拆，以及五簋⑧、六菜、八菜、十大碗之别。每席必七折钱一两起至十馀两码不等。沈朝初《忆江南》词云："苏州好，酒肆半朱楼。迟日芳樽开槛畔，月明灯火照街头。雅坐列珍羞。"又吴绮《饮虎丘酒楼》诗云：

"新晴春色满渔汀，小憩黄垆⑨画桨停。七里水环花市绿，一楼山向酒人青。绮罗堆里神仙剑，箫鼓声中老客星。一曲高歌情不浅，吴姬莫惜倒银瓶。"又赵翼《山塘酒楼》诗云："清簟疏帘软水舟，老人无事爱清游。承平光景风流地，灯火山塘旧酒楼。"又顾我乐绝句云："斟酌桥边旧酒楼，昔年曾此数觥筹。重来已觉风情减，忍见飞花逐水流。"又吴周钤《饮虎丘山景园》诗云："树未雕霜水叠鳞，秋来泛棹记初巡。为呼绿酒凭高阁，恰对青山似故人。弦管渐随华月减，园林催斗晚香新。眼前风景堪留醉，且喜偷闲半日身。"

【注释】

① 緉（liǎng）：量词。一双，用于鞋。

② 鰕（xiā）：鱼名。即鲨鱼。

③ 荈（chuǎn）：晚采的茶，泛指茶。

④ 祖饯：古代出行祭祀路神叫"祖"。后因称设宴送行为祖饯，即饯行。

⑤ 甍（méng）：屋脊，屋檐；亦指屋。

⑥ 蹱（zhōng）：原意为行走不正的样子。此处系借以记音。吴语谓焖熟猪蹄曰焐蹄蹱。

⑦ 爊（āo）：熬，煮。

⑧ 簋（guǐ）：陶器的雅称。

⑨ 垆：酒店中放置酒瓮的土台，借指酒。

山塘长留一道春

薛亦然

本文选自《苏州杂志》2009年第3期。

文章宛如一幅淡雅的水粉画，设色不多，着色不重，疏疏落落的一点景物，斜阳草树，枕河人家，摇橹过去的小船，让我们领略到存在于纸上的山塘一道春。

作者借与美院写生学生的交谈，说及画山塘的要领：就是不能贪多，"千万不要妄想毕其功于一画"。明里是讲作画，实际也是讲作文，是夫子自道，是说自己结撰本文的苦心。

山塘可以写的很多，但是作者只选取了水巷与桥来写，然而，仅仅是这一些，笔墨也很吝惜，写水巷并没有去写长巷，只是写了临窗观水；写桥，也不是写桥形、桥姿，只是写桥上走下来的苏州姑娘；写人，虽如数家珍，开了一张长长的历史人物的名单，但只写了《玉蜻蜓》中未必实有的故事主人，可谓疏可走马。然而，艺术是以象示人，离开实相的描绘是不行的。作者懂得虚实相生，于细部描写中下了功夫，作者介绍《玉蜻蜓》故事，娓娓道来，有声有色，写桥上走下来的姑娘，细到衣服上纽扣的形与质，可谓密不容针。

山塘是水巷的博览会、桥的博览会，是苏州古城的精华所在。没有人不喜欢山塘。山塘人家就"枕"在河流上，山塘人的生活就"枕"在河流上，人在山塘，与大自然息息相通，心便觉得踏实而宁静。到过山塘的人最难忘的便是水巷，觉得山塘街最大方自然的地方还得数水巷。漂在山塘河上，看两岸的房子一幢幢清水出芙蓉般地在河边亭亭玉立着，河水想流就直截了当地流来了。遥想当年，山塘人想出门访友了，走出家门踏上河埠再跳上小船就凌波而去；想增添一些生活用品，就留心一下窗下河道上来来往往的船只，它们有不少就是为城里的人们送生活必需品的。现在已经少了些许诗意，但也无碍，有闲时，我们在山塘人家安安静静地对着窗外的水和天读读书，同样十分惬意。读唐诗"君到姑苏见，人家尽枕河"，读宋词"过尽千帆皆不是"，山塘水巷里的河上没有帆，只有橹，那就改成"过尽千橹皆不是"吧。等谁呢？你想起了许多发生在山塘街的缠绵悱恻的故事，对着静静流逝着的河水发呆。有叮叮咚咚的评弹索弦声隐隐传来，不知唱的是哪一对才子佳人的命运。

发着呆的时候，你不知不觉地来到桐桥了。于是你也许会想起了《玉蜻蜓》，或者那儿若有若无地响起了《玉蜻蜓》。长篇弹词《玉蜻蜓》的故事，江南人都是耳熟能详的。不过，怕是只有细心的山塘老人们才会留意书中的主人公徐元宰出生后，就是被丢弃在桐桥旁的。当年法华庵的三师太王志贞生下孩子后不得不忍痛弃子，托老佛婆将初生的婴儿送出,以腹佩玉蜻蜓作为标记并修血书一封。趁着夜黑,老佛婆抱着婴儿从山塘一路急匆匆由西向东,但是走到桐桥就再不敢往前走一步——前面设着岗哨呢,慌乱之中,只得将孩子丢在了桐桥西堍旁的一家叫作朱小溪的豆腐店前。也是巧合,朱小溪从山塘白石会馆半夜看戏回来,看到了店门前有一个包袱,拾起竟发现是一个尚有体温的婴儿,于是赶紧带回家中抚养。不久,朱小溪又因生活困苦,无奈把孩子卖给苏州离任知府徐上珍。后来被徐家抚养成人的徐元宰中得解元,得血书、玉蜻蜓始知亲生母亲,然后到庵堂认母,那就是后话了。

你的身边人来人往,千百年来山塘街的人来人往中,有多少这样缠绵悱恻的故事呢?

络绎不绝地背着画板来山塘寻找灵感的画家们关心的不是那些陈年的风花雪月,他们的最爱是水巷,是桥,是临水人家。画山塘也最容易成为画家,所以我们总是看到年轻的美院学生三三两两在山塘河边支起画板,邀请水巷陪伴他们一起走一条名扬画坛的梦之路。苏州画家们的作品中最受人们欢迎的、在各种画展中展出得奖的也大都是以水巷为题材的。山塘街是一张古琴,其中最容易拨动人心的一根弦便是水巷。

要画出山塘风情并不困难,只要掌握好几大要素就行,最重要的古人已经总结了:小桥、流水、人家,另外再点缀一些东西,无非粉墙黛瓦、临水窗户、河埠头、岸上花树、河中小船,以及"杨柳岸,晓风残月"之类,稍加渲染就可以了。要紧的是千万不要妄想毕其功于一画,想在一张画纸上将山塘景色一网打尽,最后总是弄巧成拙。要知道,千百年来的文人墨客不遗余力地对着这里写呀画呀,都没有将山塘写尽画尽,你有何能?

是的,山塘街万千变化,神奇莫测,春秋晨昏,各有不同。上帝清楚,山塘是写不尽、画不完的。

还是说桥吧。在山塘随便到哪一段走一走,都像走进一次桥的聚会,五步一登,十步一跨,谁也记不清一路上经过了多少座桥。山塘的桥每一座都像一条巧妙的比喻,使人浮想联翩,觉得山塘真是文采飞扬。或者说每一条巧妙的比喻都像山塘的小桥,在水陆频繁割据的地方,飞起一道道彩虹,使人们的想象力畅行无阻,酣畅淋漓。听说山塘街有画桥一十八座,试想,如果一篇散文里竟有十八条妙喻此起彼伏,那文章无论如何不能小觑。

桥还是外地人了解山塘风土人情的好处所,伫立桥上,看傍水

山塘街

人家，绿树掩映，山塘女子在河埠上上下下，衣杵起落，声音远远传来，慢了半个节拍，如空谷回音，竟使人恍如隔世。看苏州姑娘上桥来了，对襟小衫儿尽是丝绸，潇潇洒洒，琵琶扣盘得雅致古朴，一级级石阶娉娉婷婷走去，风情万种；又有挽着满篮沾露香花的卖花姑娘，打桥端盈盈走过，空气中飘留着她幽幽的香气，使人情思恍惚。你看，小桥成了山塘姑娘表演的T型台了。

桥走多了，生命的步调便会从容自在。所以，山塘人中间急性子的大约不多，他们悠哉游哉，好像生来便有一种上帝赐予的闲情逸致。有了一份好心情，便有了消受自然之美的福分。

伫立新民桥上向东眺望，一幅最经典的苏州水巷图景便踱入眼帘。河两岸临水人家鳞次栉比，高大的风火墙在民居群落背后半隐半现。向下看，麻条石的石阶层层往下直至河边，贴水的石埠头那端又层层地通达上去，就像鹰隼展开了双翼，临水欲飞不飞。这些临河人家木结构的门窗有的还雕着花，有时还可以看到陈旧的砖雕门楣，坚实不朽的柱础、柱石、界石在静默中挺立着。过去那准是大户人家或者官宦世家的旧宅吧？现在早已成了寻常百姓人家的住房。还有一些临水的门窗特别考究，那些精致的花格子现在已失去往日繁华的光泽，但人们还是可以据此想象它的过去，也许几百年前那里是一座临水的酒楼或者茶馆，门前一定曾有一面招旗软软地悬挂下来，在几百年前的风中飘扬。几百年前的人们羽扇纶巾踏舟而来，船靠石埠，拾级便入厅堂，小憩小饮，宴客歌舞，方便至极。现在风吹雨打剥蚀了楼台的朱颜，但框架依旧，于古老中透出昔日的华彩底蕴。于是想起"水调行歌断续听，到门沽酒客船停"的诗句，那些画窗、那些石础便焕发出几分妩媚来。

山塘的桥不仅是站立在水巷里，她们还牢牢站立在悠远的历史长河中。她们不仅跨越了河流，还跨越了历史。是桥，把山塘古老优秀的文化从千百年前传递到现在。我们读桥，就是在读历史；我们走过桥，就是走过历史。岁月湮远，朝代递嬗，一座座古桥穿越时空，联系古今。斟酌桥、普济桥、望山桥、青山绿水桥、通贵桥、星桥、桐桥、万福桥、彩云桥……我们今天正在走着的桥，陆羽捧着野茶走过，杜荀鹤、白居易吟哦着走过，苏东坡、范仲淹神色凝重地走过，沈周、唐寅、文徵明、祝允明、张岱摇着折扇走过，葛贤、颜佩韦、周顺昌步履匆匆地走过……古人们走过的桥我们在走着，古人们没有走过的路也正在由我们走着。千年百代，像风一样从桥洞里吹过，当我们拾级登临，盘桓在一座座古朴的桥上时，便与一位位古代的圣贤俊杰悠然心会。山塘的桥，是现实的桥，是历史的桥，也是我们心上的桥呵。

梦中的天地

陆文夫

本文选自《陆文夫文集》第四卷(古吴轩出版社 2009 年版)。

陆文夫(1928—2005),作家,江苏泰兴人。20 世纪 50 年代开始发表作品,因《小巷深处》而引起广泛注意。他长期生活在苏州,在作品中对苏州的风土人情有生动的描述,写出了生活在不同历史时期的活得有滋有味的苏州人的形象。著有小说集《小巷人物志》《人之窝》,散文集《壶中日月》等。作品收入《陆文夫文集》。

《梦中的天地》是中短篇小说集《小巷人物志》的序言,在收入集子以前,题为《深巷 小庭 人家》,于 1981 年发表于《艺术世界》。从小说集序言的角度看,这是篇笼罩全书作品的文章,像是把多幅画裱贴为一本尺页,连贯起来让人们浏览。书中各篇小说中的种种人、种种事都聚合在篇首的序言之中,让人们看到了一幅亦古亦今的历时性的场景;

作为一篇独立的散文来看,《梦中的天地》中的内容正像作者所拟的另一个题目《深巷　小庭　人家》所揭示的,深巷幽幽、小庭寂寂,人家在软红尘里,凄然、陶然、有情有味地生活着,浓郁的江南风光和人生情趣自然地统一起来了。

《梦中的天地》写了苏州三种类型的巷子:市井陋巷、官巷、商巷。陋巷,大约有类于我们常说的贫民区;官巷,大约可算是高级住宅区;商巷,大约可谓之闹市区。作者在行经长巷,对生活场景作扫视之后,就登楼入室,帮助读者去领略和了解苏州人的生活。陋巷之末的一面临市、一面倚水的走马楼所见,官巷之末的东花园的幽邃,商巷中芸芸众生的平凡生活,诸色并呈,仪态万千。

《梦中的天地》以个人的活动为经线,让读者透过作者去看苏州,去看苏州的"三世"(前世、现世、来世),应得上佛经上所说的"三世俱舍",一切俱如梦境。

我也曾到过许多地方,可是梦中的天地却往往是苏州的小巷,我在这些小巷中走过千百遍,度过了漫长的时光;青春似乎是从这些小巷中流走的,它在脑子里冲刷出一条深深的沟,留下了极其难忘的印象。

三十八年前,我穿着蓝布长衫,乘着一条木帆船闯进了苏州城外的一条小巷。这小巷铺着长长的石板,石板下还有流水淙淙作响。它的名称也叫街,但是两部黄包车相遇便无法交会过来;它的两边都是低矮的平房,晾衣裳的竹竿从这边的屋檐上搁到对面的屋檐上。那屋檐上砌着方形带洞的砖墩,看上去就像古城上的箭垛一样。

转了一个弯,巷子便变了样,两边都是楼房,黑瓦、朱栏、白墙。临巷处是一条通长的木板走廊，廊檐上镶着花板，雕刻都不一样，有的是松鼠葡萄，有的是八仙过海，大多是些"富贵不断头"，马虎而平常。也许是红颜易老吧，那些朱栏和花板都已经变黑、发黄。那些晾衣裳的竹竿都在雕花板中隐藏，竹帘低垂，掩蔽着长窗。我好像在什么画卷和小说里见到过此种式样，好像潘金莲在这种楼上晒过衣服，那楼下挑着糖粥担子的人，也像是那卖炊饼的武大郎。

这种巷子里也有店铺，楼上是住宅，楼下是店堂。最多的是烟纸店、酱菜店和那带卖开水的茶馆店。茶馆店里最闹猛，许多人左手搁在方桌上，右脚跷在长凳上，端起那乌油油的紫砂茶杯，一个劲儿地把那些深褐色的水灌进肚皮里。这种现象苏州人叫作皮包水，晚上进澡堂便叫水包皮。喝茶的人当然要高谈阔论，一片嗡嗡声，弄不清都是谈些什么事情。只有那叫卖的声音最清脆，那是提篮的女子在兜售瓜子、糖果、香烟。还有那戴着墨镜的瞎子在拉二胡，沙哑着嗓子在唱什么，说是唱，但也和哭差不了许多。这小巷在我的面前展开了一幅市井生活的画图。

就在这图卷的末尾，我爬上了一座小楼。这小楼实际上是两座，分前楼和后楼，两侧用厢房连在一起，形成了一个口字。天井小得像一口深井，只放了两只接天水的坛子。伏在前楼的窗口往下看，只见人来人往，市井繁忙；伏在后楼的窗口往下看，却是一条大河从窗下流过。河上的橹声咿呀，天光水波，风日悠悠。河两岸都是人家，每家都有临河的长窗和石码头。那码头建造得十分奇妙，简单而又灵巧，是用许多长长的条石排列而成。那条石一头腾空，一头嵌在石驳岸上，一级一级地插进河床，像一条条石制的云梯挂在家家户户的后门口。洗菜淘米的女人便在云梯上凌空上下，在波光与云影中时隐时现。那些做买卖的单桨的小船，慢悠悠地放舟中流，让流水随便地把它们带走，那些船上装着鱼虾、蔬菜、瓜果。只要临河的窗内有人叫买，那小船便箭也似的射到窗下，交易谈成，楼上便放下一只篮筐，钱放在篮筐中吊下来，货放在篮筐中吊上去。然后，楼窗便吱呀关上，小船又慢慢地随波漂去。

在我后楼的对面，有一条岔河，河上有一顶高高的石拱桥，那桥栏是一道弧形的石壁，人从桥上走过，只有一个头露在外面。可那桥洞却十分宽大，洞内的岸边有一座古庙，我站在石码头上向里看，还可以看见黄墙上的"南无"二字。有月亮的晚上可以看见桥洞里的流水湍急，银片闪烁，月影揉碎，古庙里的磬声随着波光向外流溢。那些悬挂在波光和月色中的石码头上，捣衣声响成一片，"长安一片月，万户捣衣声"，小巷的后面也颇有点诗意。翻身再上前楼，又见巷子里一片灯光，黄包车辚辚而过，卖馄饨的敲着竹梆子，卖五香茶叶蛋的提着小炉子和大篮子。茶馆店夜间成了书场，琵琶叮咚，吴侬软语，苏州评弹尖脆悠扬，卖茶叶蛋的叫喊怆然悲凉。我没有想到，一条曲折的小巷竟然变化无穷，表里不同，栉比鳞次的房屋分隔着陆与水，静与动。一面是人间的苦乐与喧嚷，一面是波影与月光。还有那低沉回荡的夜磬声，似乎要把人间的一切都遗忘。

我也曾住过另一种小巷，两边都是高高的围墙，这围墙高得要仰面张望，任何红杏都无法出墙，只有常春藤可以爬出墙来，像流苏似的挂在墙头上。这是一种张生无法跳过的粉墙，墙上那沉重的大门终日紧闭，透不出一点个中的消息，大门口还有两块下马石，像怪兽似的伏在门边，虎视眈眈，阴冷威严，注视着大门对面的一道影壁。那影壁有砖雕镶边，当中却是空白一片。这种巷子里行人稀少，偶尔有

石库门

卖花人拖长着声音叫喊："阿要白兰花？"其余的便是麻雀在门楼上吱吱唧唧，喜鹊在风火墙上跳上跳下。你仿佛还可以看见王孙公子骑着高头大马走进了小巷，吊着铜环的黑漆大门咯咯作响，四个当差的从大门堂内的长凳上慌忙站起来，扶着主子踏着门边的下马石翻身落马，那马便有人牵着，系到影壁的旁边的拴马环上。你仿佛可以听到喇叭声响，爆竹连天，大门上张灯结彩，一顶花轿抬进巷来。若干年后，在那花轿走过的地方却竖起了一座贞节坊或节孝坊。在发了黄的志书里，也许还能查出那烈女、节妇的姓氏，可那牌坊已经倾圮，只剩下两根方形的大石柱立在那里。

我擦着那方形的石柱走进了小巷，停在一座石库门前。这里的大门上钉着竹片，终日不闭，有一个老裁缝兼作守门人，在大门堂里营业，守门工资便抵作了房租费。也有的不是裁缝，是一个老眼昏花的妇人，她戴着眼镜伏在绷架上，绣着那龙凤彩蝶。这是那种失去了青春的绣女，一生都在为他人做嫁衣裳，老眼虽然昏花，戴上眼镜仍然能把如丝的彩线劈成八瓣。这种大门堂里通常都有六扇屏门，有的是乳白色的，有的在深蓝色上飞起金片，金片都已发了黑，成了许多不规则的斑点。六扇屏门只有靠边的一扇开着，使你对内中的情景无法一目了然。我侧着身子走进去，不是豁然开朗，而是进入了一个黑黝黝的天地，一条狭长的备弄深不见底。备弄的两边虽然有许多洞门和小门，但门门紧闭，那微弱的光线是从间隔得很远的漏窗中透出来的。踮起脚来从漏窗中窥视，左面是一道道的厅堂，阴森森的；右面是一个个院落，湖石修竹，朱栏小楼，绿荫遍地。这是那种钟鸣鼎食之家，妻妾儿女各有天地，还有个花园自成体系。

我曾在某个花园中借住过半年，这园子仅占两亩多地，可以说是一个庭院,也可以说是一个花园,因为在这小小的地方却具备了园林的一切特点,这里有湖石堆成的假山,山上有鹅卵石铺成的小路,小路盘旋曲折,忽高忽低,一会儿钻进洞中,一会儿又从小桥上越过山洞;山洞像个缺口,那桥也小得像个模型似的。如果你循着小路上下,居然也得走好大一气;如果你行不由径,三五步便能爬上山顶。山顶笼罩在参天的古木之中,阳光洒下的全是金线,处处摇曳着黑白相间的斑点。荷花池便在山脚边,有一顶石板小桥横过水面。曲桥通向游廊,游廊通向水榭、亭台,然后又回转着进入居住的小楼。下雨天你可以沿着回廊信步,看着那雨珠在层层的枝叶上跌得粉碎。雨色空蒙,楼台都沉浸在烟雾之中。你坐在亭子里小憩,可以看那池塘里慢慢地涨水,涨得把石板曲桥都没在水里。

这园子里荒草丛生,地上都是白色的鸟粪,山洞里还出没着狐狸。除掉鸟鸣之外,就算那池塘最有生气,那里水草茂盛,把睡莲都挤到了石驳岸边。初夏时,石岸边的清水中游动着惹人喜爱的蝌蚪。尖尖的荷叶好像犀利无比,它可以从厚实的水草中戳出来,一夜间就能钻出水面。也有些钻不出来,因为鲤鱼很欢喜鲜嫩的荷叶。一到夜间更加热闹,蛙声真像打鼓似的,一阵喧闹,一阵沉寂,沉寂时可以听见鱼儿喋喋。唿喇喇一声巨响,一条大鱼跃出水面,那响声可以惊醒树上的宿鸟,吱吱不安,直到蛙声再起时才会平息。住在这种深院高墙中是很寂寞,唯有书籍可以作为伴侣。我常常坐在假山上看书,看得入神时身上便爬来许多蚂蚁,这种蚂蚁捏不得,它身上有股怪味,似乎是一种冲脑门儿的松节油的气味,我怀疑它是吃那白皮松的树脂长大了的。

比较起来我还是欢喜另一种小巷,它有浓厚的生活气息,在形式上也是把各种小巷的特点都汇集在一起。既有深院高墙，也有低矮的平房，有烟纸店、大饼店，还有老虎灶。那石库门里的大房子可以住几十户人家，那小门里的房子却只有几十个平方米。巷子头上有公用的水井，巷子里面也有只剩下石柱的牌坊。这种巷子也是一面临河，却和城外的巷子大不一样，两岸的房子拼命地挤，把河道挤成狭窄的水巷。"古宫闲地少，水港小桥多"，唐代的诗人就已经见到过此种景象。

夏日的清晨你走进这种小巷，小巷里升腾着烟雾，巷子头上的水井边有几个妇女在那里汲水，慢条斯理地拉着吊桶绳，似乎还带着夜来的睡意，还穿着那肥大的、直条纹的睡衣。其实，整个的巷子早就苏醒了，退休的老头已经进了园林里的茶座，或者是什么茶馆店，在那里打拳、喝茶、聊天。也有的老头儿足不出户，在庭院里侍弄盆景，或是呆呆地坐在藤椅子上，把一杯杯的浓茶灌下去。家庭主妇已经收拾了好大一气，提篮走进那个喧嚷嘈杂的小菜场里。她们熙熙攘攘地进入小巷，一路上议论着菜肴的有无好丑和贵贱。直到垃圾车的铃声响过，垃圾车渐渐地远去，上菜场的人才纷纷回来，结束清晨买菜这一场战斗。

买菜的队伍消散了，隔不多久，巷里的活动又进入了高潮。上班的人几乎是在同一个时间内涌出来的，有的出巷往东走，有的入巷往西去，背书包的蹦蹦跳跳，抱孩子的妈妈教孩子和好婆再见，只看见那自行车银光闪闪，只听见那铃声儿响成一片。小巷子成了自行车的竞技场、展览会，技术不佳的女同志只好把车子推出巷口再骑。不过，这种高潮像一阵海浪，半个小时后便会平息。

上班、上学的人都走了，那些喝茶、打拳的便陆陆续续地回来，这些人走进巷子里来时，大多不慌不忙，神色泰然，眼帘半垂，好像是这条巷子里再也没有什么东西可以使他们感到新奇。欢乐莫如结婚，悲伤莫如死人，张皇莫如失火，可怕莫如炮声，他们都经历过的，呃啥稀奇。如果你对他们不感兴趣的东西感到兴趣的话，他们每个人的经历倒很值得搜集。他们有的是一代名伶；有的身怀绝技；有的是八级技工，曾经在汉阳兵工厂造过枪炮的；有的人历史并不光彩，可那情节却也十分曲折离奇。研究这些人的生平，你可以追溯一个世纪，但是需要使用一种电影手法化出。否则的话，你怎么也想不到那个白发如银、佝偻干瘪的老太太是演过《天女散花》的。

夏天是个敞开的季节，入夜以后，小巷的上空星光低垂，风从巷子口上灌进来，扫过家家户户的门口。这风具有很大的吸引力，把深藏在小庭深院中的生活都吸到了外面。巷子的两边摆着许多小凳和藤椅，人们坐着、躺着来接受那凉风的恩惠。特别是那房子缩进去的地方，那里有几十个平方米的砖头地，是一个纳凉、休息、小憩的场所。砖头地上洒上了凉水，附近的几家便来聚会。连那终年卧床不起的老人也被儿孙搀到藤椅子上，接受邻居的问候。于是，这巷子里的春花秋月，油盐柴米，婚丧嫁娶统统成了人们的话题，生活底层的秘密情报可以在这里猎取。只是青年人的流动性比较大，一会儿来了个小友，几个人便结伴而去；一会儿来了个穿连衫裙的，远远地站在电灯柱下招手，藤椅子咯喳一响，小伙子便被吸引而去。他们不愿对生活作太多的回顾，而是欢喜向未来作更多的索取；索取得最多的人却又不在外面，他们面对着课本、提纲、图纸，在房间里挥汗不止，在蚊烟的缭绕中奋斗。

奇怪的是今年夏天在巷子里乘凉的人不多，夏夜敞开的生活又有隐蔽起来的趋势。这都是那些倒霉的电视机引起的，那玩意以一种飞跃的速度日益普及。在那些灯光暗淡的房间里老少咸集，一个个寂然无声，两眼直瞪，摇头风扇吹得呼呼地响。又风凉，又看戏，谁也不愿再到外面去。有趣的是那些电视机的业余爱好者，那些头发蓬乱、衣冠不整的小青年，他们把刚刚装好还没有配上外壳的电视机捧出来，放在那砖头地上作技术表演，免费招待那些暂时买不起或暂时不愿买电视机的人。静坐围观的人也不少，好像农村里看露天电影。

　　小巷子里一天的生活也是由青年人来收尾，更深人静，情侣归来，空巷沉寂，男女二人的脚步都很合拍、和谐、整齐。这时节，路灯灼亮，粉墙反光，使得那挂在巷子头上的月亮也变得红殷殷的。脚步停住，钥匙声响，女的推门而入，男的迟疑而去，步步回头；那门关了又开，女的探出上半身来，频频挥手。这一对厚情深意，那一对不知道出了什么问题，男的手足无措，站在一边，女的倚在那方形的石牌坊上，赌气、别扭，双方僵持着，好像要等到月儿沉西。归去吧姑娘，夜露浸凉，不宜久留，何况那方形的石柱也倚不得，那是块死硬而沉重的东西……

　　面对着大路你想驰骋，面对着高山你想攀登，面对着大海你想远航。面对着这些深邃的小巷呢？你慢慢地向前走啊，沿着高高的围墙往前走，踏着细碎的石子往前走，扶着牌坊的石柱往前走，去寻找艺术的世界，去踏勘生活的矿藏，去倾听历史的回响……也许已经找到了一点什么了吧，暂且让它留下，看起来找到的还不多，别着急啊，让我慢慢地向前走。

1981 年 5 月

门前的茶馆

陆文夫

本文选自《陆文夫文集》第四卷(古吴轩出版社 2009 年版)。

《门前的茶馆》是陆文夫为《中国语》(日本内山书店编辑的一本帮助日本读者学习汉语的刊物)写的一篇文章。

根据刊物的要求,一方面,要介绍中国风俗民情,使日本人对中国多一份了解;另一方面,要有助于日本读者学习汉语,即尽可能地口语化、通俗化。

文章先交代了作者观察的视角,再从一个又一个的方面列数了茶馆的功能以及茶馆在苏州中下层人生活中的地位,让茶馆作为一个窗户,展现出苏州人悠闲近于慵懒的生活,有类于日本的浮世绘。

作者在对苏州茶馆作为一种文化现象进行考察以后,又写了它消失的原因和形态的变化,说得也很有点幽默风趣,显现其文学作品特有的苏州味。

早在 40 年代的初期，我住在苏州的山塘街上，对门有一家茶馆。所谓对门也只是相隔两三米，那茶馆店就像是开在我的家里。我每天坐在窗前读书，每日也就看着那爿茶馆店，那里有人生百图，十分有趣。

每至曙色朦胧、鸡叫头遍的时候，对门茶馆店里就有了人声，那些茶瘾很深的老茶客，到时候就睡不着了，爬起来洗把脸，昏昏糊糊地跑进茶馆店，一杯浓茶下肚，才算是真正醒了过来，才开始他一天的生涯。

第一壶茶是清胃的，洗净隔夜的沉积，引起饥饿的感觉，然后吃早点。吃完早点后有些人起身走了，用现在的话说大概是去上班的。大多数的人都不走，继续喝下去，直喝到把胃里的早点都消化掉，算是吃通了。所以苏州人把上茶馆叫作孵茶馆，像老母鸡孵蛋似的坐在那里不动身。

小茶馆是个大世界，各种小贩都来兜生意，卖香烟、瓜子、花生的终日不断，卖大饼、油条、麻团的人是来供应早点。然后是各种小吃担都要在茶馆的门口停一歇。有卖油炸臭豆腐干的、卖鸡鸭血粉丝汤的、卖糖粥的、卖小馄饨的……间或还有卖唱的，一个姑娘搀着一个戴墨镜的瞎子，走到茶馆的中央，瞎子坐着，姑娘站着，姑娘尖着嗓子唱，瞎子拉着二胡伴奏。许多电影和电视片里至今还有此种镜头，总是表现那姑娘生得如何美丽，那小曲儿唱得如何动听等等之类。其实，我所见到的卖唱姑娘长得都不美，面黄肌瘦，发育不全，歌声也不悦耳，只是唤起人们的恻隐之心，给几个铜板而已。

茶馆店不仅是个卖茶的地方，孵在那里不动身的人也不仅是为了喝茶的。这里是个信息中心，交际场所，从天下大事到个人隐私，老茶客们没有不知道的，尽管那些消息有的是空穴来风，有的是七折八扣。这里还是个交易市场，许多买卖人就在茶馆店里谈生意；这里也是个聚会的场所，许多人都相约几时几刻在茶馆店里碰头。最奇怪的还有一种所谓的吃"讲茶"，把某些民事纠纷拿到茶馆店评理。双方摆开阵势，各自陈述理由，让茶客们评论，最后由一位较有权势的人裁判。此种裁判具有很大的社会约束力，失败者即使再上诉法庭，转败为胜，社会舆论也不承认，说他是买通了衙门。

对门有人吃讲茶时，我都要去听，那俨然是个法庭，双方都请了能说会道的人申述理由，和现在的律师差不多。那位有权势的地方上的头面人物坐在正中的一张茶桌上，像个法官，那些孵茶馆的老茶客就是陪审团。不过，茶馆到底不是法庭，缺少威严，动不动就大骂山门，大打出手，打得茶壶茶杯乱飞，板凳桌子断腿。这时候，茶馆店的老板站在旁边不动声色，反正一切损失都有人赔，败诉的一方承担一切费用，包括那些老茶客们一天的茶钱。

现在，苏州城里的茶馆店逐步减少以至于消失了，只有在农村里的小集镇上还偶尔可见。五年前我曾经重访过山塘街上的那家茶馆，那里已经没有了茶馆的痕迹，原址上造了三间新房和一个垃圾箱。

城里的茶馆店逐步消失的原因，近十年间主要是经济原因。开茶馆店无利可图，除掉园林和旅游点作为一种服务之外，其余的地方没人愿开茶馆店。一杯茶最多卖了五毛钱，茶叶一毛五，开水五分钱，还有三毛钱要让你在那里孵半天，孵一天，那还不够付房租和水电费。不能提高到五块钱吗？谁去？当茶价提高到三毛钱的时候，许多老茶客就已经溜之大吉。只好眼睁睁地看着苏州的一大特色——茶馆逐渐消失。

那些老茶客都溜到哪里去了呢，是不是都孵在家里品茶呢？不全是，茶馆有茶馆的功能，非家庭所能代替。坐在家里喝茶谁来与你聊天，哪来那么多的消息？那些消息都是报纸上没有的。

老茶客们自己组织自助茶馆了，此种义举常常都得到机关、工厂、特别是居民委员会的支持，找一个适当的场所，支起一个煤炉，搞一些台凳，茶客们自带茶具，带有一种俱乐部的性质，不是对外营业，说它是茶馆却和过去的茶馆不完全相似。这叫"无可奈何花落去，似曾相识燕归来"。

1992 年 11 月

品赏旧版苏州
——平江历史街区的韵味

秦兆基

本文选自《苏州记忆》(南京师范大学出版社 2009 年版)。

平江历史街区是苏州著名的旅游热点,每逢节假日,来自四面八方的游客从各个入口涌入,人头攒动、摩肩接踵,但是相当多的人,只是匆匆而过,并不能领略出它独特的美。

平江历史街区是苏州的旧影,品赏出它的美,得有别样的审美眼光和审美心态。本文由这座历史街区留存和修复的理念——唤醒老建筑活力的动态保护思维入手,从原住民的日常生活图景、树水相依的画面、桥景桥史和有关的传说趣闻、故宅、名园和于此间生活过的历史人物等各个方面揭示出这个历史街区的人文底蕴,进而点出于此间旅游所要具有的审美心态:慢慢走、细细看。最后以介绍废墟与新构相结合的汪氏义庄牌楼的模型作结,启发你作自我检测,看看你对这个历史街区的审美感知究竟如何。

全文总领分述,一线贯穿,娓娓而谈,指点命说,知识性与趣味性交织,读之可以忘倦。

背影会引发猜想,引起回味。品赏远逝的背影,也许比觌面而视,更有情味些。王实甫《西厢记·惊艳》一折,莺莺有意无意地一回顾,弄得张生情迷意乱,不由感叹:"怎当他临去秋波那一转!休道是小生,便是铁石人也意惹情牵。"男女情事是如此,品赏自然风光,品赏一座城市,又何尝不是如此。

苏州作为一个具有二千五百多年历史的古城,历经了岁月风霜和种种劫难,古典元素日渐凋零。一些老街旧巷,经过一次又一次拓宽、改造,日趋现代化,纵然有点苏州元素在装点,那也只能算是新古典主义的作品,要从中窥见苏州的旧影,着实是件难事。

一

漫步苏州平江历史街区,说不定会满足你的愿望,从修复的历史街区(平江路南段及周边地区)中,你会发现一个旧版苏州,见到了苏州的旧影。

平江历史街区是苏州现存最典型、最完整的古城历史文化保护区。它仍保持着路河并行的双棋盘城市格局,保留着古巷幽深的江南水城特色,生活在这个区域内的居民们也还保持着传统的生活方式。

从 2002 年起,苏州开始对这个历史街区进行保护性修复。修复的规划采用了国际通行的修旧如旧的手法,并引入唤醒老建筑活力的动态保护思维。这个规划的执行也是颇有人情味的，修复工程进行中，没有迁徙大量的原住的居民，没有改变他们原有的生活秩序，没有惊动他们的生存状态。规划的执行，不追求短期效应，不急功近利，克期完成，五年过去了，修复工程还在进行，泥瓦匠、石匠还在修补老房子、石桥、水井。街区的面貌在人们不那么觉察之中得到保护和优化。

七月，骄阳如火，平江历史街区老屋里的人，耐不住屋内的暑热，坐在树荫下沿河的石栏上，三三两两，有一句，没一句地搭讪着，汗衫短裤已经是最讲礼貌的了，有的赤膊，一条毛巾搭在背上，坐在备弄的风口上，扇动着不知哪个年代留下的芭蕉扇，打量着从路上走过的人。他把这些行动的、从远方来的人，看作是一道流动的风景线，全然也不在乎自己也成了风景收入他人的镜头。整治后，路面由原来的弹石块恢复到石板，尽管有的石板是新凿就的，少了点老街石板独轮车碾过的辙痕，雨水洗刷以后留下的纯净，还多少有点火气。那河岸上的树像撑开的大伞，从河的此岸舒展到彼岸，似乎要护定了河面，那是些香樟树、柳树、悬铃木和合欢树。其中让你最为心醉的该是合欢了，别处很少见到如此高大的合欢树。羽状对生的叶子中绽开着红白相间的、须状的小花，低垂着，无限深情地垂向河心。

这是在平江路上常见到的画面，没有故事，也算故事。

二

平江路是平江历史街区的中轴线，是老苏州一条平平常常的街道，过去并不稀罕，在历史上也不为太多的人所重视。关于这条路，没有留下过太多的题咏，较有影响的一首是清代诗人沈德潜的《晓经平江路》，不过那是一首乐府诗，即事名篇，平江路的景色几乎不着一字。这首诗是诗人在平江路上，见到衢州逃荒者的悲惨境遇而作。我猜想他原本想到平江路赏晨景的，衢州一家人的凄苦命运破坏了他的好心情，于是就"眼前有景道不得"了。

行经平江路时，常不由想起白居易的诗："绿浪东西南北水，红栏三百九十桥。鸳鸯荡水双双翅，杨柳交加万万条。"（《正月初三闲行》）我总是疑心白刺史诗中写的就是平江路一带，他携着蛮、素等女侍，乘着小舫，荡着轻桨，穿行于平江河内的小桥之下。不过平江这名目是北宋政和三年（1113）升苏州为平江府才有的。平江路古名"十泉里"，该不会叫"十泉河"吧？杨柳依然有，红栏已不可见了。唐代的桥多是木质的，栏杆漆成朱红色，故曰红栏，指代桥。宋代以后，木桥多改为石桥。桥虽非唐物，不过桥基，恐怕白居易时代已经有了。苏州最早的地方志，唐代陆广微的《吴地记》就著录了这条河上的通利桥和朱马茭桥（今名朱马交桥）。

平江路是条南北向的傍河大路，水路平行，河街相临。其中修复的一段，也就是作为历史街区保护的一段，自干将路至白塔东路长约800米左右，在主河（平江河，亦称第四直河）上有思婆桥、雪糕桥、积庆桥（胜利桥）、苏军桥（青石桥）、众安桥（大新桥）、通利桥、胡相思桥等七座东西向的桥梁；在横向支河悬桥巷河上有郭家桥、顾家桥，新桥巷河上有小新桥、通济桥，柳枝巷河上有朱马交桥、新桥里桥、南开明桥，胡相思巷河上有唐家桥、中家桥，北开明桥，共有南北向桥梁十座。在116.5公顷的地方，竟然有十八座桥，可见桥的分布密度之高。

三

这个历史街区的桥，不仅见证历史，又是美的化身，仿佛是造型简洁的雕塑，几乎每座桥都值得你流连忘返。

你从干将路北侧走进平江路见到的第一座桥，是座东西向单跨的石梁桥同，在宋《平江图》上，名为"寺东桥"，是因桥西有唐代古刹资寿寺而得名，后来转称为师婆桥。这大概是因为资寿寺是一座尼姑庵，苏州人习称尼姑为师婆。吴语中没有卷舌音声母，"师"又讹说为"思"。思"婆"会引发人种种联想的，这也算是平江人的幽默吧。思婆桥的桥身部分保留了不少武康石，特别是主要结构桥台排柱和两头雕有灵芝、宝莲的长系石都是武康石。武康石，又名花石，原产于浙江湖州德清县武康镇（原武康县）东郊的丘陵山地。石质地极为坚硬，不易磨损，颜色深赭，表面有许多细小的蜂窝眼，状似朽木，古朴秀丽，是修造园林的佳品，北宋时已具盛名。建桥不采用苏州近郊的金山石，舍近求远，采用了从浙西运来的石料，可以看出古代苏州人对于工程质量的追求，桥寿千年，此言不谬。

再向前走一段，来到直对萧家巷的地方，一座平桥架在平江河上。这座桥的名字有点怪，叫作雪糕桥，宋《平江图》上就已标出。相传古有张孝子居萧家巷，家贫断粮，无以养亲，只好抟雪为糕以奉亲。孝子逝世以后，里人将其就地安葬后，在墓旁立祠祭祀，并以孝子的事迹为桥命名。这个故事美丽得有点凄清，多少反映了苏州人对亲情的重视，对孝道的表彰。桥上原来建有一座土地庙，构成了"桥驮庙"的格局，在修复之后这里化为一座廊桥，桥上依旧建屋，不过那是一家名为"老书虫"的"休闲店",出售零食、饮料和书刊,广告上称"吃喝读"一条龙,常有些老外坐下来,要一杯咖啡,呆呆地看着后窗外的水巷。

再往前走,平江路南段快走下一半多一点,在曹胡徐巷的东端,你会见到一座拱式单孔石桥,这座桥习称胡相思桥,它是平江历史街区唯一的古石拱桥,也是苏州古城区内仅存的七座古石拱桥之一。胡相思桥,也许是最能诱发人们想象力的桥名,宋代《平江图》上就有这座桥,不过当时的名称是"胡厢使桥"。厢使是宋代设于京城四厢处理治安和民间纠纷的一种官职,相当于今天的公安分局的局长。从什么时候起这座桥名转化为胡相思桥,那就不得而知了。走上桥,谛视桥面,你会发现中心的石板上雕刻着"轮回纹",这个浮雕隐喻佛

平江路双桥

家"生死六道轮回"的观念，是修桥者劝人行善积德而刻镂的。走下桥以后，回头把桥身仔细打量一番，你会发现桥孔拱券的外沿有一圈凸起的拱眉石装点着桥体，如同美人之眉。有了它，桥身显得妩媚了不少。如果你能乘船从河上驶过，贴近桥身看一下，不难发现桥虽说是清代复建的花岗石拱桥，但是金刚墙上夹杂的青石和武康石却是宋代遗物。在桥西堍南侧的金刚墙上还有一方"桥神土地"的刻石。《吴门表隐》卷十载"崇正宫桥，嘉庆二十四年（1819）道士叶凤梧重建。桥南堍塑桥神、喜神、宅神、井神、灶神、厕神，皆出名手，肖像如生"。说明苏州民间久有祭祀桥神的习俗。往昔桥神不止一处，而今这胡相思桥的"桥神土地"却是仅有的留存。

欣赏了胡相思桥以后，不妨驻足停步，或者退后得更远一些，观赏一下与之犄角相交的唐家桥。唐家桥是横跨平江河的支流——胡相思河的石梁桥。这两座桥的桥孔，一圆一方，与周庄古镇名播海内外的"双桥"（习称"钥匙桥"，即拱式的世德桥和梁式的永安桥），可谓异曲同工，但这里的"双桥"要比周庄的"双桥"早四百年以上。

在平江历史景区内，还有两个"双桥"景观：一处在小新桥与众安桥（习称大新桥）相交的地方；一处在通利桥与朱马交桥相交的地方。不过两桥的桥孔都是方的，不能构成如古代长柄钥匙的造型，不能形成参差的美，然而也有情味。

四

平江路上不仅流水、桥景值得你流连，还有那处处水泉和牌坊，还有作为世界文化遗产的名园——耦园，还有那密如蛛网的幽幽深巷和那藏在巷子深处的古宅老院，这些老房子里生活过的足以影响中国历史进程的男人和女人。如果你有兴趣，我提供一份未必完全的名单：丁谓、黄丕烈、潘世恩、潘祖荫、洪钧、钱穆、叶圣陶、顾颉刚、唐纳，还有那后来改名为江青的蓝苹，从宋代到现代，从宰相、状元、学者到艺术家。他们之中有正面人物，也有反面人物，值得你谛视端详，值得你咀嚼品味。

法国一条通向阿尔卑斯山的小路旁，矗立着一个十分醒目的石碑，上面写着："慢慢走，欣赏啊！"平江路上似乎也应该树起这样一块丰碑，慢慢走，不要轻忽，张开你审美的眼。

观赏经过平江路看历史的苏州，不要错过这街区北端游船停泊的地方，那可谓这个历史景区最后一个景点，一座玻璃、木材和石料合成的牌坊。粗粗一看，这座牌坊不今不古、亦今亦古，实在有些蹊跷。不过看一下阮仪三先生的解说就明白了，"举汪氏义庄牌楼修复为例吧。2004年春，在平江历史街区保护与整治中，新发现一处牌坊遗址，存有石柱两根，南墙门一间，积土中还发现坤石四块，石门槛一条及部分木构件。这座牌坊作为改进平江路的北端景观，……所用的新材料与旧材料有明显的区别。修复方案没有采用废墟式原状保存或恢复式重建，原样保存了南边墙门房，墙上的朽木外观原样不动，石柱、坤石原样竖起，为保安全另立钢柱为承重构件，用木料恢复原来墙门牌楼大致形状和结构，北边墙门四周不再砌砖墙，栅门也不做全。顶上部分覆以玻璃以防雨淋，这样人们可以清楚地看见整个牌楼内外形制，看清原来古代的遗物，又看到今天为了让人们明白这幢古建筑的特色而后加的东西，新旧完全不同，新的是为了反映旧的，旧的是原真的。这种方案是用科学的、艺术的手法来表达现代人对古代遗存的尊重，也是一种新的延续苏州古城古代平江路的历史的古今交辉的风景建筑。"阮先生说："开始的时候人们都说没看懂，但是后来都看懂了。"

你看懂了没有？在你要走出平江历史街区的时候，问一下自己。

小 巷

许 淇

本文选自《许淇散文诗近作选》(青海人民出版社1990年版)。

许淇(1937—2016),散文家、散文诗人、画家。上海人。早年就学于苏州美专油画系,长于书画。著有《许淇散文选集》《许淇散文诗近作选》等,作品收于《许淇文集》。

《小巷》写了作者在苏州居留时踯躅过的三条巷弄。文章在开头便揭示了命意:小巷与人们的生活紧紧相连,在那里脉动着活泼泼的人生。就这点而言,小巷并不小。作者把"燕家巷"和刘禹锡的诗联了起来,忆起了青春时期的浪漫情怀。又从"诗巷"这一巷名,悬想戴望舒的《雨巷》所勾出的意境,琢磨起诗人写诗时的情态心志。最后从"瓣莲巷"这一名称,扯连到友人租赁的古老的宅院,萌生出怪异荒诞的念头。

巷本平常,狭窄冷清,但因为它连通着人间,

平江路丁香巷

又有一个个富有温馨味道的名字,不禁撩人情思。《小巷》工巧典丽,每一个巷内都似乎蕴蓄着一个待展开的、可以令人神迷的故事。

  小巷,通向人间。
  生活的路,通向每一条小巷。
  我怀念起苏州的几条青石小巷和小巷里的卖花声:
  "栀子花!白兰花!"鬓边和衣襟上的春天。
  呵,美的小巷,梦的小巷,和青春岁月相联系的小巷!
  是一幅画,是一首诗,是一支歌。

在姑苏，有一条小巷叫燕家巷，使我联想起刘禹锡的一首诗。而你正幽居在那里。当翠尾剪着雨脚和柳丝，我模拟杜鹃的鸣啼，和你相约于黄昏的巷口。

诗巷，极小极短又极精巧，仿佛一首五言绝句。那石子路，经常被江南的细雨润泽。两旁古老的黑漆大门，兽纹铜环，已经绿锈。斜阳听衰落的门楣诉说繁华。唯有檐间萌发的青草，向深院的主人报告被遗忘的春的消息……

走在诗巷里，我下意识地诵吟戴望舒的《雨巷》，因为我也遇见了我希望遇见的姑娘，在我的前面，她终不回眸，像一支丁香，像一阵春雨，像一缕青烟……

我认为，诗人的诗，肯定在这里产生无疑。他定也曾经独自撑着橘红的油纸伞，在美的憧憬和朦胧的霏微里轻轻地叹息。

我的一个朋友，他住在瓣莲巷。那里有深院，月亮门，镂花窗，假山石，竹林，木犀[①]树……他租赁了仿佛《聊斋》故事里书生投宿的后楼。他在楼上吹箫。我生怕有一夜吱呀的楼梯，响起女人迟疑的步履声……

我怀念姑苏的三条小巷：燕家巷、诗巷和瓣莲巷。

【注释】

[①] 木犀：一作"木樨"，别名桂花，"江左称岩桂，吴中说木犀"（【宋】向子谌：《南歌子》）